Uvederhæftige betragtninger
over
den fraværende Gud

af

Steffen Hahnemann

Indholdsfortegnelse

Et Forord

Da Peter gik sin vej, var han iført plusfours og en nyvasket skjorte med korte ærmer. Intet til yderligere beskyttelse mod sommertidens varme dage endsige mod vinterens kulde. Dog havde han iført sig sin afdøde bedstemors uldne fingervanter og havde på fødder og dækkende det meste af underbenene gammeldags fedtlæderstøvler. På hovedet bar han en lidt luvslidt og forvasket tropehjelm. Det mest overraskende var dog ørenringene. Fra begge ører hang fastklemt i øreflipperne cirkelrunde femkronestore forgyldte ringe, som burde have fanget de modgående, endog den modkørende trafiks, opmærksomhed. Sådan var beskrivelsen af Peters antræk, da han en novemberdag for mange år siden blev efterlyst i radioen. Men til trods for dette ganske iøjnefaldende ydre så var han trods gentagne, detaljerede efterlysninger som sunket i jorden eller opløst i æteren. Borte var og blev Peter.

Men før vi kaster os ud i betragtninger over ejendommelighederne ved og bag hans fuldstændige forsvinden, så kunne vi forsøge at gøre rede for noget mere markant og solidt, nemlig det han således den dag i begyndelsen af november for nu adskillige år siden valgte at forlade og lægge bag sig. Solidt og markant står der, men selvom både dørtrinet og den dør, han ganske nænsomt måtte have trukket i bag sig, var gjort af

3

solide materialer, så var der dog længere inde i entreens halvmørke, for ikke at tale om i de fuldt oplyste stuer, æteriske kvaliteter som måtte havde bidraget til, at Peter sluttelig havde rejst sig fra sin plads ved det cirkelrunde dagligstuebord og i første omgang trukket sig tilbage til sit soveværelse på første sal. Ingen hørte eller så ham sidenhen forlade huset. Men da han udeblev fra middagsbordet og heller ikke var vendt tilbage ved det, der var hans vanlige sovetid, begyndte en og anden af husets beboere at ane uråd. Man lod dog natten gå - endskønt delvis søvnløs for de mest alarmerede, før man næste morgen, da hans seng stod opredt og ubrugt, foretog en henvendelse til politiet med henblik på en efterlysning. Deraf fulgte så, med henblik på en optimal og fuldgyldig efterlysning, en intensiv gennemgang af de sammen med Peter forsvundne beklædningsgenstande. Ved vejs ende, da alt var gennemstøvet og gennemrodet, blev det så det ovenfor anførte ganske aparte billede af den forsvundne, som blev rundsendt i radioens nyhedsudsendelse.

Men sideløbende var rejst spørgsmålet om, i hvilken sindsstemning Peter var bortgået. Hvad var der hændt i dagligstuen omkring det runde bord, da Peter, tilsyneladende ganske umotiveret havde rejst sig og forladt selskabet midt i en samtale og måske en meningsudveksling, det huskede man ikke længere så nøje. Men ét var givet: det var kommet bag på dem alle, da han uden varsel havde rejst sig, sat stolen på plads efter sig og havde forladt stuen. Hvad var der blevet sagt, som kunne have udløst denne hans forladen ikke blot selskabet, men sidenhen også så tilsyneladende definitivt huset, der dog gennem en årrække havde været hans faste bopæl? Var han bortgået i nedtrykt sindsstemning - og i bekræftende fald nedtrykt over hvad? Spørgsmålet gav anledning til megen selvransagelse og også megen, berettiget eller uberettiget, skyldfølelse. For man bortgår dog ikke fra sit hus, og det der omkring ham selv og til dels til ære for ham forsamlede selskab i noget som kunne betegnes som glad og opløftet sindsstemning. Der måtte dog være en grund. Der måtte være vederfaret ham et eller andet. Et ord? en gebærde? måske blot et uvenligt ansigtsudtryk? Sådan granskede de tilbageværende den foregående dags og aftens begivenheder og deres mulige egen rolle i den forefaldne, uventede hændelse.

Man gjorde sig naturligvis også tanker om, hvorfor han havde klædt sig så aparte og så ufornuftigt, årstiden taget i betragtning. Alle havde de hørt, hvordan han støjende havde rumsteret i sit soveværelse, som lå på første sal over deres hoveder. De uidentificerbare lyde var så med ét hørt op, og de var gået ud fra, at det betød, at han var gået i seng. Men i stedet var han så ganske sagte gået ned ad bagtrappen, måske netop listet for ikke at åbenbare sine hensigter for resten af selskabet omkring bordet nede i dagligstuen. Forsigtigt havde han så åbnet havedøren og var gennem haven nået frem til havelågen, som de efterladte endnu dagen efter fandt stod åben, og var således nået ud på alfarvej, hvor alle videre spor tabte sig, og vedblev med at fortabe sig i det uvisse. Den indledningsvis støjende adfærd i soveværelset på første sal, tog de alle så sidenhen til indtægt for, at han havde klædt sig om og iført sig de omtalte, ganske aparte klædningsstykker med henblik på den rømning han således havde bestemt sig for. Men så bristede logikken og dermed forståelsen for, hvad der var passeret af tanker og overvejelser gennem Peters hjernevindinger.

5

Når de sammen gennemgik aftenens forløb og samværet omkring
det runde dagligstuebord under billedet af de hellige jomfruer og
flankeret af de to glasskabe med deres blanding af krystalglas og
smukt indbundne bøger af nationens klassikere, så kunne de ikke
erindre sig noget, der afveg fra så mange andre afteners
tilbagevendende betragtninger og tilkendegivelser. Det var de
enige om, endskønt de hver for sig i hemmelighed gjorde sig
deres tanker, så var det dog løs og ustruktureret tankevirksomhed,
præget af gensidig mistro, men uden prægnans endsige tankens
klarhed.

Nogen tid efter at Peter således havde forladt dem, havde et par
af hans tilstedeværende nærmeste pårørende lidt tøvende rejst sig
og var gået op ad trappen til første sal, hvor de ganske sagte og
forsigtigt havde åbnet døren til Peters soveværelse og kigget ind.
Der så de så sengen stå urørt og på en stol ved sengen lå Peters
tøj, som han havde båret, da de sidst så ham, lagt sirligt til rette
mens skoene stod med løste snører under sengen. Da gik det først
op for dem, at der havde ligget mere vidtgående intentioner bag
Peters pludselige opbrud fra selskabet i dagligstuen. Siden blev
det dem så yderligere klart, at Peter helt havde forladt huset, og
hans fodspor i havens nys revne grusgang viste, at han havde
valgt at forlade huset til havesiden.

Det ejendommelige antræk, som efterlysningerne havde udstyret
Peter med, kunne dog snarere tolkes sådan, at Peter var bortgået i
sindsforvirret tilstand. Men i så henseende havde der intet
påfaldende været ved Peters optræden i tiden op til hans
pludselige ganske abrupte opbrud. Han var, det var de efterladte
enige om, ganske som de var vant til at se og høre Peter. Enkelte

mente dog, at hans ansigtskulør havde været blegere og en enkelt, en yngre dame af hans bekendtskab, som havde været tilstede som gæst den dag, mente at have observeret svedperler på Peters pande samt en let dirren af hans hænder, der han, efter at have rejst sig og forladt den, tog fat om stolens ryglæn for at sætte den tilbage på dens oprindelige plads ved bordet. Iagttagelser som de øvrige tilstedeværende dog tilskrev et af dem alle genkendeligt sværmerisk-romantisk grundtræk i den pågældende yngre kvindes sindelag og hele væsen. Et grundtræk som ikke blev mindre fremtrædende, når talen faldt på Peter, og som alle forventede ville manifestere sig på en eller anden måde i forbindelse med Peters dramatiske pludselige forsvinden. Så alt i alt: der havde ikke været noget påfaldende ved Peters væremåde op til hans pludselige forsvinden.

Man kunne så i stedet have forestillet sig - igen ud fra det aparte ydre han ved bortgangen havde tillagt sig, - at hans bortgang kunne være sket i et anfald af manisk overstadighed. Men i så fald over grænsen til det utilregnelige. Det var de tilbageværende herrer og damer enige om. Men i så fald skulle eller burde man kunne pege på et grundtræk i Peters psyke, som tidligere ville have givet sig til kende i form af overstadige fysiske og åndelige eruptioner af en tilsvarende art. Og det kunne ingen af de tilbageværende erindre sig. Tværtimod, huskede de alle Peter som et skikkeligt og fredsommeligt gemyt, som aldrig indlod sig i vidtløftigheder eller store gebærder.

Sådan blev der i de følgende dage grublet og gransket blandt de af Peter efterladte. Frem og tilbage og forfra igen. Og klogere af

7

det var der ingen af dem, der blev. Siden gik de hver til sit, og tilbage i huset var så kun Peters husbestyrerinde, en jævnt buttet, snakkesalig kone omkring de halvtreds, og hans niece, en 16-17-årig endnu uudfoldet pige, som havde søgt refugium hos Peter grundet hendes forældres særprægede vandel og absolutte utilregnelighed. Det var den runde og gemytlige husbestyrerinde der som en selvfølge havde ført an i kortlægningen af, hvilke beklædningstilstande, der manglede i Peters garderobe, og som man derfor måtte antage, at han havde iført sig forud for sin vandring ud i det uvisse.

Havde de tilstedeværende haft et nøjere kendskab til samme husbestyrerindes væsen og karakter, så havde de utvivlsomt været mere på vagt overfor hendes iagttagelser og ikke mindst de deraf afledte konklusioner. Men Peter havde først sent taget sig sammen til at avertere efter og ansætte en husbestyrerinde til varetagelse af de forskellige huslige sysler, som han med alderen følte som en tiltagende byrde. Der havde været adskillige ganske prægnante reaktioner på Peters avertissement i den lokale avis - myndige damer udstrålende utvivlsom kompetence til de af Peter påtænkte huslige gøremål, men Peter, som netop havde tøvet overfor tanken om en for dominant og selvberoende person, i den huslige dagligdag, han nu i så mange år havde syslet med på egen hånd, skræmtes ved al denne udstråling af kompetence og myndighed. Da han derfor, da det igen ringede på hoveddøren og han, efter at have lukket op, så sig stående overfor en ganske modsat skabning eller type, så traf Peter sit irrationelle og aldeles usaglige valg. Dog kun irrationelt set fra en saglig og nøgtern betragtning, der ikke tog højde for Peters forudsætninger som mangeårig ungkarl og enegænger. Og ansat som hans

8

husbestyrerinde blev så denne glade og fornøjede, men aldeles forvirrede og inkompetente skabning, som, det skal siges til hendes ros, til trods for sin komplette mangel på forudsætninger gik til opgaven med usvækket entusiasme og vovemod, fastholdt til trods for gentagne nederlag og tilbageslag, som Peter storsindet og med fastholdelse af sin status som herre i huset beredvilligt så igennem fingre med og endog dækkede over.

For de af Peters familie og bekendtskabskreds, som kun kom i huset ved festlige lejligheder eller mere tilfældigt, gjorde Peters nye husbestyrerinde grundet sine uomtvistelige selskabelige talenter et godt og tillidsvækkende indtryk. En undtagelse var der dog - en mistelten, som ikke var taget i ed - og det var det tredje medlem af husholdningen - den 16-17-årige ovenfor omtalte niece, som i og med at hun var medlever i husets dagligdag ret hurtigt udviklede en dag for dag tiltagende skepsis overfor den rolle, den nye husbestyrerinde spillede eller ganske ubekymret prætenderede at spille i husholdningen. Endskønt også hun forsøgte af afhjælpe de værste mangler ved hensigtsmæssig indgriben i køkkenet først og fremmest, men også nu og da i de daglige gøremål i husets øvrige værelser.

Detaljerne vedrørende Peters ydre fremtræden i radioavisens efterlysninger i dagene efter hans forsvinden var således alene baseret på husbetyrerindens redegørelser for sine fund eller rettere: Mangel på fund eller gensyn blandt sin husherres ejendele - eller hvad hun i det hele taget kunne registrere som forsvundet fra husets inventar i forbindelse med hans bortrømning eller absenteren. Og da der i de dage fortsat var adskillige af Peters familie og omgangskreds tilstede, så vovede den sky og generte unge pige ikke at sætte ord på sin skepsis eller udtrykke forbehold overfor husbestyrerindens initiativrigdom og hendes definitive udsagn, som resten af selskabet, trods deres overraskende indhold, tog for gode varer i tillid til hendes adækvate og sufficiente forudsætninger.

Det bør dog anføres, at hun selv var den, der blev mest overrasket over sine iagttagelser og observationer. For eksempel den måde hun slog sine hænder sammen på som akkompagnement til sine udbrud af overraskelse over den manglende tropehjelm eller over, at Peters bedstemors uldne fingervanter ikke længere var der i det gamle skab på næstøverste hylde, hvor hun så bestemt huskede, at de havde været.

Sidenhen, men da var det for sent, fandt niecen både tropehjelmen, bedstemors fingervanter og fedtlæderstøvlerne. Hvad angår ørenringene, kom der også om dem en afklaring, men den finder vi ingen tvingende grund til at komme nærmere ind på.

Så på den måde var Peters nye husbestyrerinde ham behjælpelig med at slippe uigenkendt forbi iagttagende og ransagende blikke, indtil hele affæren med tiden var glemt for nye og epokegørende hændelser, som optog de tilbageværendes og efterladtes opmærksomhed.

Heller ikke vi ved, hvad der fik Peter til at handle, som han gjorde, endskønt vi senere fik vores formodninger, som det til nød vil fremgå af det efterfølgende. Men borte var han - nu som et menneske uden fortid og snart uden erindring. Uidentificerbar

10

og dermed på sæt og vis ganske ufrivilligt undsluppet tiden. I søgen måske efter en ny identitet vil vi møde ham derude, der hvor vi selv higer og søger. Der vil vi uvægerligt støde på ham spørgende sig vej i for ham ukendt terræn - ude i den nye virkelighed, som han den dag i november for nu mange år siden lod sig føde ind i - og som vedbliver at være ham gådefuld og fremmed. Men for os, der har den samme fornemmelse af en mere og mere påtrængende uvirkelighed, er han med tiden blevet noget velkendt - næsten fortroligt.

Vi kalder ham Peter

Indledning

Peter ved vel knap selv, hvad der fik ham til at handle, som han gjorde. Kun denne pludseligt uforklarligt opståede, innerverende og voldsomt pinagtige tomhedsfølelse. Af altings absolutte og totale meningsløshed, som gjorde det uudholdeligt for ham, længere at være tilstede i samværet ved bordet. En hvilesløshed, en rastløshed, som drev ham til at forlade stuen - vel først for at blive alene. Men oppe i soveværelset var intet ændret. Han havde klædt sig af og gjort sig klar til at gå i seng i håbet om at få ro - men den pinagtige rastløshed var i modstrid med enhver forestilling om hvile. Han måtte ud - måtte være i bevægelse, måtte gå... Han havde igen taget tøj på, sit udendørstøj og havde forladt huset til havesiden, som ovenfor beskrevet, og begivet sig i vej i håbet om at finde en løsning - en afslutning på sin tilstand. Men nu var det mange år siden og intet var ændret - fortæller Peter: stadig den samme tomhedsfølelse, og stadig drevet af den samme rastløse søgen....

Det var stort set indholdet af de tanker, som Peter gav udtryk for, da vi en dag mødte ham, stadig grublende og eftertænksom i sin søgen, som dog da var koncentreret om forstenede søpindsvin blandt de mange andre sten i strandkanten på den afsides, hav-omkransede ø. En søgen efter form i formløsheden. Vi satte os sammen på en af de største sten med plads til to og fordybede os i fortsatte overvejelser over baggrunden for Peters misére, og den virkelighed han havde mødt udenfor havelågen dengang i november for nu så mange år siden. Og som jeg genkendte som min egen.

Mens bølgerne fortsatte deres småpludrende kommen og gåen for vore fødder og mågerne højrøstet gav deres utilfredshed til kende, fandt vi i fællesskab frem til det efterfølgende, som jeg siden noterede ned efter hukommelsen:

Jeg valgte efter nærmere overvejelser overskriften:

Den fraværende Gud

Middelalderens "frie ånder"
Det har fra mange sider været hævdet op igennem det 20. og nu ind i det 21. århundrede, at den kristne Gud ikke længere er til stede. Så tidligt som i slutningen af 1800-tallet har Nietzsche endog hævdet, at Gud er død. Et synspunkt som siden har vundet bred tilslutning. Nietzsches diagnose var dog - i følge sagens natur - baseret alene på indicier, og det samme gælder for alle de, som sidenhen har erklæret sig enige med ham. Så egentlig burde de blot sige, når de vil hævde deres påstand, at han er der ikke længere.

De tegn som vanligvis har været taget som indicier på Guds fravær kan henføres under i det mindste to forskellige tilgange: Den første vedrører angivelige tegn på Guds forsvinden fra den menneskelige, den folkelige bevidsthed.

Den anden vedrører angivelige tegn på, at Gud ikke længere influerer på verdens gang.

Men før vi vender os til betragtninger over disse to typer indicier på Guds fravær, kunne vi blive lidt ved selve det påståede forhold, at Gud ikke længere er til stede. Fraværet kunne have sin baggrund i hans død, som hævdet af Nietzsche, og således være endeligt og definitivt, men det kunne også være et fravær af potentielt midlertidig karakter, eksempelvis udløst ved en beslaglæggelse eller okkupation af hans emanation af udefra kommende kræfter. Det kan kun være en hypotese, men dog en hypotese ligeværdig med påstanden om Guds død. Og i det mindste kunne man se lidt nærmere på de kræfter trindt om, som kunne have sådanne transcendentale aspirationer eller som fremtræder i en gudlignende skikkelse, skønt påfaldende ved sin postulerede og med vores oprindelige billede ikke ganske overensstemmende form.

For at hente inspiration fra et fænomen så velkendt århundrede tilbage, og som måske endog i dag kunne glimre ved sin fortsatte mere okkulte tilstedeværelse, kunne man vælge først at gå tilbage i tiden. Og se nærmere på grupper, der mente at have Gud i egen krop, at de var Gud selv og levede derefter. Grupper som havde hentet Gud ned fra transcendensen og mente at personificere ham. De gik - og går - under betegnelsen "frie ånder" (i den angelsaksiske litteratur: "free Spirits").

14

Free Spirits

De frie ånder dukker med jævne mellemrum op middelalderen igennem. De genfindes dog i England så sent som i midten af 1600-tallet ("The Ranters" og "Fifth Monarcy Men"). Siden har man ikke hørt så meget til dem. Det kan skyldes, at de, måske endegyldigt, er forsvundet, nedkæmpet af kirken, som de undsagde, og som - også af den grund - nådesløst bekæmpede dem. Men det kunne også skyldes det modsatte: At de i et sådant omfang har vundet hævd, at man af den grund ikke længere bemærker dem. At de er kommet udenfor kirkens rækkevidde.[1]

Karakteristisk for de frie ånder var, at de identificerede sig med guddommen og dermed var hævet over den syndefuldhed, som kirken havde udstyret menneskeheden med. De frie ånder kunne ikke synde - eller rettere: de var hævet over begrebet synd. Som de beskrives af den britiske historiker Norman Cohen: "Hvad der skilte de indviede frie ånder fra alle andre middelalderlige sekteriske bevægelser var, først og fremmest, deres totale amoralitet. For dem var beviset for frelse at være uden kendskab til samvittighed og anger...man kan blive i den grad forenet med Gud, at hvad end man skulle foretage sig, kan man ikke synde." [2]

Samtidig erkendte de sig som manifestationer af tusindårsriget.

---

1   At begrebet "free spirits" af og til dukker op på uforpligtende og overfladisk vis i populærkulturen vil jeg uden blusel se bort fra.
2   Norman Cohn: The Pursuit of the Millennium. Revolutionary millennians and Mystical Anarchists in the Middle Ages. Oxford University Press, 1970, s. 177

Af det guddommeliggjorte jordeliv. Som den nye Adam og den nye Eva. Nyskabte til et liv i frihed, overdådighed (eller som oftest det modsatte - tilknyttet, som de som regel var, til puritanske millennialistiske bevægelser) og lyksalig promiskuitet. De var, som sagt, uvægerligt et ledsagefænomen til middelalderens millennialisme. De opstod i dens kølvand - eller som sideskud og blæredannelser.

Til tider udviklede de en tøjlesløshed med røvertogter og drab og promiskuitet, der gjorde dem til en belastning for deres omgivelser, som ikke sjældent måtte ty til den verdslige eller kirkelige øvrighed med appeller om at bekæmpe dem eller slå dem ned.

Man kunne hævde, det var en misforståelse at betegne dem som "ånder" ("spirits"), for de var i høj grad optaget af kødets lyster og lyksaligheder. Men så dog måske alligevel, for en forudsætning for deres hengivelse til kroppens velsignelser var, at Guds ånd havde bolig i dem. Det var således denne tilstedeværelse i dem af det guddommeligt åndelige, der løftede dem fri af det, kirken fordømte som ugudeligt og syndefuldt, såsom ran og drab og hor. Det blev dermed og således den frie seksuelle udfoldelse mellem adam'er og eva'er, der fik en fremtrædende placering i de frie ånders liv og færden. Men et mere gennemgående træk var dog, at de i bred og omfattende almindelighed følte sig løftet fri af og op over de gængse krav til moralsk og sømmelig vandel, gældende for deres laverestående omgivelser, der ikke på samme måde havde den guddommelige ånd i sig, men gik i kirke hver søndag, for der af præsten at blive belært om deres ufuldkommenheder.

Der er måske i den almene menneskelige åndelige udrustning
træk hos den enkelte verdensborger, som gør, at disse frie ånder
ikke forekommer os så ganske fremmedartede. Den sekulære
modernismes syn på mennesket, som selvberoende og
autoritetsfri kunne have mindelser om de "frie ånder". Det er som
bekendt et udbredt menneskeligt træk at føle sig unik, hvad man
vel på sin vis også er, men dermed ser man sig nødsaget til,
meget mod sin vilje, også at anerkende, at alle de andre har krav
på den samme unikhed som en selv. Endskønt jo nærmere vi er
kommet på grundbestanddelene, atomer og molekyler, må vi
erkende, at de er ganske ens. Men det er så måden, disse
grundbestanddele er organiseret og sat sammen på, som rummer
en sådan mangfoldighed af variationsmuligheder.
Hvis man forestiller sig en organisator, en skaberkraft, en Gud
bag denne overdådige mangfoldighed, så er enhver af os på sin
vis berørt af Guds finger. En legende finger? En målbevidst
finger? Om det kan vi kun gisne. Men måske netop på grund af
denne forskellighed i opbygningen af vores grundelementer, så
når vi til vidt forskellige resultater. Andre vil dog hævde, at disse
forskelligheder i måden vores grund-elementer er organiseret på i
så henseende er ganske uvæsentlige, men at vores beslutninger
og overvejelser har deres baggrund i de substansløse bestanddele
eller rettere mellemrum i vores organisme, bestanddele benævnt
for eksempel, sjæl eller ånd eller den sunde fornuft. Men også de,
der hævder det standpunkt, kommer dog til forskellige opfattelser
af verdensaltet og gud og af mennesket og meningen med det
hele. Men netop fordi vi her står overfor det substansløse og

tilsyneladende homogene, og vel snarere det anonyme, men ganske omfattende mellemrum mellem substansens, det skabtes, bestanddele, så er det her, de frie ånder vil finde ikke blot guds finger, men guds hele selv som en del af sig. Og kommet til den erkendelse samlet i en menighed af frie ånder, som deler den opfattelse, at gud er i dem og ikke udenfor et sted i rummet. At de er gud selv. Og således har annammet ham og taget ham til sig.

Det er derfor ingen tilfældighed, at disse menigheder af frie ånder hører middelalderen til, og er forsvundet, i hvert fald fra vokabulariet, i moderne tider, hvor substansen er blevet så dominerende til fortrængning af det substansløse, der havde en langt mere fremtrædende plads i den middelalderlige forestillingsverden.

Men er de frie ånder nu også ganske borte fra vores tid? Det har der fra forskellig side været rejst tilsyneladende berettiget tvivl om. Således af den ovennævnte Norman Cohen. Og måske ikke helt overraskende i en mere agitatorisk form af en af talsmændene fra ungdomsoprøret i 1968. Norma Cohen skriver således, at "man kan endda finde en nutidig version af denne alternative vej til tusindårsriget, de frie ånders kult, For i idealforestillingerne om individets fulde emancipation fra samfundet, endog fra al ydre realitet - om man vil idealet om selvforgudelsen - som nogle nu til dags søger at realisere ved hjælp af psykodeliske droger, kan man utvivlsomt genkende denne afvigende form for middelalderlig mysticisme."[3] Måske

3   Norman Cohen, 1970, s. 285:

18

for at tage Norman Cohen på ordet skriver Raoul Vaneigem nogle
år senere, som tydelige efterklange af de mere exorbitante, men
ikke uvæsentlige bestanddele af ungdomsoprøret i 1968, at "Alle
tilhængere af bevægelsen "de frie ånder", insisterede på, at liv
skulle forstås som livet i sin umiddelbare præsentation. Der var
intet helvede, ingen genopstandelse, ingen dommens dag, ingen
guddommelig overvågning, ingen verdslig magt. I det de indså,
at Gud var blevet skabt i billedet af deres fremmedgørelse, tog de
afsked med den store, eksterne, produktive skikkelse, hvis
åndelige herredømme betød slaveri og tyranni og omskabte sig
selv til jordiske guder i den endeløse strøm af universel
kærlighed."[4]

Men også Nietzsche selv omtaler "Der Freie Geist", og sætter
endda udtrykket som overskrift på det andet kapitel i sin bog
"Jenseitz von Gut und Böse", hvori betegnelsen hæfter på "das
Übermensch": "Døde er alle guder, nu vil vi, at overmennesket
skal leve!".[5] Og Nietsces gale menneske på markedspladsen, som
hævder at vi har slået Gud ihjel, spørger til sidst om mennesker
efter Guds død selv skal blive guder.[6]

Det er et spørgsmål, vi i første omgang lader stå hen og går
videre som planlagt......

I det følgende vil også jeg så forsøge at vise, at det måske langt

---

4   Raoul Vaneigem: The Movement of the Free Spirit. Zone Books, New York, 1994 (1986
- in   Paris: Le Mouvement du libre-esprit): s. 239:
Derudover er der aktuelt på det mere vulgære plan en mere letfærdig omgang med emnet,
som eksempelvis: "Free spirits often long to spread their wings and fly." http://law-of-
attraction.knoji.com/the-free-spirit-personality/
5   Citeret i Arne Næs: Filosofiens historie, bd. 3, s. 107. Stjernebøgernes kulturbibliotek.
    Vintens Forlag. Kbh 1967
6   Friedrich Nietsche: Die fröhliche Wissenschaft

fra er tilfældet, at de frie ånder er forsvundet. At de blot kan have skiftet karakter og hierarkisk placering og også af den grund har unddraget sig almindelig opmærksomhed og måske dermed også kirkens kvælertag. At de, som hævdet af Norman Cohen, skulle benytte sig af psýkodeliske droger for at komme op i højderne eller som Vaneigem ser dem aldeles henfaldet til kærlighedens så forskelligartede sysler, vil dog ikke være min påstand. Jeg ser dem tværtimod - i det mindste i det ydre - som agtværdige samfundsborgere og indtagende de mest betroede stillinger i de samfund, hvori de manifesterer sig. Men det er så det, jeg i det følgende har til hensigt at argumentere for. Dermed udelukker jeg naturligvis ikke ganske Norman Cohens droger eller Vaneigems altomfattende kærligheds-tilkendegivelser, men vil blot hævde, at det i det mindste ikke er det, som karakteriserer dem udadtil og præger dem i varetagelsen af deres mere eller mindre fremtrædende embeder.

Ud fra det omtalte kunne man gå ud fra, at disse frie ånder, hvis de stadig skulle forekomme og manifestere sig i vor tid, måtte have et særligt nært og intenst forhold til og kendskab til Gud, eller, i det mindste gudsbegrebet. Og at det derfor måtte være den rette vej at gå, at se dem nærmere efter i sømmene for at se, hvad der eventuelt kunne gemme sig.

Som udgangspunkt kunne man vælge at se lidt nærmere på de verdensomspændende organisatoriske strukturer, som opstod i det tyvende århundrede i kølvandet på de to verdenskrige:

Kapitel 1
Forenede nationer

Baggrunden for De Forenede Nationer
Folkeforbundet
Der var som bekendt, indtil Anden Verdenskrig en forgænger for
FN, opstået under fredskonferencen i Versailles efter Første
Verdenkrig under navnet *Folkeforbundet*.
Ligesom sin efterfølger efter Anden verdenskrig var det opstået
på amerikansk initiativ.
Det blev stiftet 28. juni 1919 og opløst igen i 1946 (afløst af De
Forenede Nationer)

Der blev truffet mange vidtgående beslutninger under
fredsforhandlingene i Paris efter den 1. verdenskrig. Som
fredsforhandlinger var de særprægede derved, at kun den
sejrende part deltog. Modparten var i sin krigeriske
vederstyggelighed naturligvis ikke inviteret. Det gjorde det hele
mere overskueligt og nemmere at nå til enighed om små og store
beslutninger En af de større var beslutningen om at etablere
Folkeforbundet til fremme af fred og fordragelighed for verden
og menneskeheden i al fremtid. Nu krigeriskheden med så mange
ofre var endelig nedkæmpet. Tanken om et Folkeforbund var dog
ikke opstået i Paris, den havde´siden århundredskiftet været
tænkt og bragt til torvs af de fremmeste protestantiske
kirkeledere i De Forenede Stater. Nu blev den der fra bragt til
Paris af den amerikanske præsident, som selv havde ganske lyse,
medfødte presbyterianske forestillinger om fremtiden for

menneskeheden.

Om alle disse hændelser i Paris, herunder den nævnte fremlæggelse af forslag til samt den endelige vedtagelse af Folkeforbundet, kan Peter berette. Naturligvis sad han ikke med til højbords. Hans tilstedeværelse var langt mindre fremtrædende i og med, at han blot havde til opgave at hjælpe de ankommende herrer af med tøjet og hænge det på bøjle i garderoben samt forny forfriskningerne på bordet, når de debatterende og besluttende herrer omkring bordet var blevet tørre i halsen, og han på deres stemmeføring kunne ane en begyndende hæshed, samt at drikkevarerne på bordet var sluppet op.

Men tilstede ved møderne i Paris var Peter trods alt og kunne sidenhen berette løst og fast om, hvem der ved de forskellige møder havde sagt hvad, og om hvordan beslutningerne til sidst var blevet taget.

Her er så, hvad Peter fortalte om de forhandlinger, som førte frem til etableringen af Folkeforbundet:
"Det var på mange måder et bevægende møde. Og også ganske særpræget. Særpræget så vel som det bevægende skyldtes så ganske afgjort den amerikanske præsident. Han talte, til forskel fra de øvrige omkring bordet, altid stående. Når han tog ordet - eller fik det - rejste han sig op og talte til forsamlingen. Ingen fortrolige ordvekslinger med sidemanden og ingen meningsvekslinger med en foregående taler. Altid monologer - lidt ligesom i kirken når præsten prædiker. Og hans ordvalg kunne også give os mindelser af samme art. Men de visioner om fremtiden for menneskeheden, han oprullede for forsamlingen,

mindede vel mere om en - karismatisk - vækkelsesprædikant end om de udlægninger af biblen som præsten søndag efter søndag udlægger for menigheden. Det handlede om, hvad sejren skulle bruges til, nu de fjendtlige, krigeriske dæmoner omsider var nedkæmpet. Mens den britiske, den franske, den japanske og den italienske premierminister blot sjakrede om delingen af byttet, så havde den amerikanske præsident syner, der rakte langt videre. Det skulle blive en fred, som endte alle krige, en endelig forbrødring af alle verdens nationer og folk. Eller som en kontrakt mellem den gode Gud og menneskeheden i form af et forbund af stater, som gav hinanden håndslag på at afruste til det nødtørftige og tale sammen ordholdende og respektfuldt. Nu og i al fremtid! Som en fugl Fønix opsteget fra krigens askedynger bredte sine vinger ud til flugt hen over det hele jorderige - således så den amerikanske præsident vel sin rolle, og således kom vi allesammen rundt om bordet, siddende og stående, til at se den, i hvert fald som vores umiddelbare, henrevne reaktion på de velsignelsesrige visioner han oprullede.

Det var jo dog et helt andet sprog, med ganske nye ord, vendinger og begreber, end det vi var vant til at høre, når statslederne satte sig sammen for at træffe afgørende beslutninger. Og jeg havde dog været til stede ved en del", påpegede Peter, som på det tidspunkt ikke længere var ganske ung.

Det havde øjensynligt været så medrivende, at de øvrige samlede statsledere kortvarigt glemte, hvad det var, de havde sat sig for, da de drog ud hjemmefra. Men de fik dog sundet sig, og i og med at det ikke var en egentlig fredsforhandling i Paris og sluttelig i

Versailles, men et møde mellem de sejrende om, hvordan man kunne blive enige om at aftakle de besejrede, så tog man, i det mindste sideløbende, fat på de mere nærliggende og jordnære opgaver. Men de amerikanske visioner for verdens fremtid gav disse såkaldte fredsforhandlinger en særlig pathos og en aura af noget exceptionelt. Af det godes endelige og afgørende sejr over ondskaben. Som nu lå der ovre, hinsides Rhinen udstrakt i græsset og endelig uskadeliggjort.

Denne amerikanske så medrivende fremførte protestantisk-kristelige opbyggelighed blev da også endelig vedtaget i form af Folkeforbundet, som - igen inspireret af den amerikanske præsident - blev betegnet som en covenant, måske forstået som en pagtslutning mellem Gud og først og fremmest lederne af de sejrrige nationer, men dog med døren åben for også sidenhen de nyvakte besejrede, som mere eller mindre vrangvilligt havde modtaget syndernes forladelse. Det var også på amerikansk initiativ, at hovedkvarteret for Folkeforbundet blev flyttet fra London til Geneve - oprindelsesstedet for den calvinisme, som amerikansk protestantisme havde som sit udgangspunkt.

Men, men - den amerikanske præsident havde ganske glemt at tage sin hjemlige baggrund i ed, så optaget havde han været af sin mission i det fremmede. Så da han senere på året vendte tilbage til Washington, blev han mødt med et betragteligt antal sure miner. Forgæves søgte han at mildne stemningen, men sluttelig lykkedes det ham ikke at få Folkeforbundets etablering vedtaget i den amerikanske kongres. Så den blev derovre, hvor den blev endelig vedtaget i Juni 1919.

Da imidlertid hele inspirationen bag ved the covenant var

amerikansk og faldt lidt på om ikke stengrund, så mere ugødet terræn trindt om, hvor man dog, for at tækkes den amerikanske præsident, endte med at vedtage den, så kom den til at lide under den manglende tilstedeværelse af sin ophavsmand og egentlige åndelige kraft. Så rigtig tyngde i verdensoffentligheden, det fik den aldrig - i modsætning til dens afløser. Men før den kom, måtte der endnu en krig og endnu et amerikansk initiativ til. Det vender vi tilbage til.

Det var den amerikanske præsident Woodrow Wilson, som ved fredskonferencen i Paris-Versailles bragte forslaget om et Folkeforbund på bane og frem til vedtagelse, men der var, som nævnt, gjort et betydeligt forarbejde blandt amerikanske kirkeledere. Blandt dem først og fremmest den i 1908 etablerede amerikanske økumeniske sammenslutning af protestantiske kirker, The Federal Council of Churches (FCC) som argumenterede for, at det var kirkernes opgave at fremme amerikansk støtte bag præsidentens politik i henseende til at gå ind i krigen for at kæmpe for demokrati, internationalt retfærd og et Folkeforbund.

Den amerikanske historiker Andrew Preston anfører, som generelt, at "Religiøse ledere, og gennem dem deres menigheder, tildelte Amerikas rolle i krigen en transcendent mening og visioner om tusindårsriget. De sørgede for den moralske platform hvorfra USA ville bebude en ny verdens orden."[7]
"Det var ingen tilfældighed, at Folkeforbundets grundliggende regler og principper ikke blev forelagt i et charter, en konstitution, men i en *covenant,* "en pagt" - en betegnelse med

---

7   Andrew Preston: Sword of the Spirit, Shield of Faith. Religion in American War and
    Diplomacy. New York – Toronto, 2012, s. 237

klare bibelske overtoner....det var heller ikke en tilfældighed, at Wilson udså Geneve (Calvinismens hovedsæde) til at blive hovedkvarter for Folkeforbundet. [8]

Med Wilsons massive baggrund i presbyterianske kirkelige kredse var det forventeligt, at hans udenrigspolitik, herunder hans engagement i krigen såvel som under fredsforhandlingerne, ville være stærkt farvet af hans egen baggrund såvel som af de amerikanske kirkelige holdninger, der gennem FCC dækkede alle protestantiske kirkeretninger. Men også katolikker og jøder bakkede op bag Wilsons udenrigspolitiske linje og initiativer. Til trods herfor lykkedes det altså ikke for præsident Wilson at få Folkeforbunds-projektet vedtaget i den amerikanske kongres.

Ved fredskonferencen i Paris blev det imidlertid vedtaget i januar 1919 og indføjet i den endelige fredstraktatat i juni samme år.

Erklæringens indledende ordlyd er som følger:

The Covenant of the League of Nations
THE HIGH CONTRACTING PARTIES,
Med henblik på at fremme internationalt samarbejde og opnå international fred og sikkerhed gennem aftalte forpligtelser til ikke at indlede krig ved indgåelse af åbne, retfærdige og ærefulde forpligtelser regeringerne imellem, ved den grundlæggende fælles opfattelse af international lov, som udgørende grundreglen for forholdet mellem stater, og ved opretholdelsen af retfærd og en nøje respekt for alle indgåede traktater i forholdet folkene

---

8   Samme sted, s. 285

imellem
tilslutter sig denne Covenant of the League of Nations.

Erklæringen var baseret på 26 punkter, hvoraf kan anføres punkt 8, som rummer en anbefaling af almindelig afrustning til det basalt nødvendige og punkt 10, som rummer en respekt for den statslige suverænitet.

Det kan her kort anføres, at FCC og de øvrige kristelige ledere ikke var begejstrede for artikel 10 om stats-suveræniteten. Den er da også i dag stærkt beskåret. Mere herom nedenstående.

Folkeforbundet fik aldrig den tilsigtede rolle. Dels stod De Forenede Stater udenfor, dels var den ikke udstyret med en slagkraftig militær styrke til indsætning, når udfordringer opstod. Op igennem 1930-erne meldte flere nationer sig ud, blandt de større kan nævnes Tyskland, Japan, Italien og Spanien. Frem mod 2. verdenskrig havde den mistet meget af sin oprindelige mission og betydning.

Carl Schmitt skriver i 1932 om "de illusoriske visioner" bag vedtagelsen af Folkeforbundet ved fredsforhandlingerne i Versailles. Han peger heri blandt andet på "den elementære modsætning ...mellem et afpolitiseret universalsamfund og en mellemstatslig garanti for de nuværende statslige grænsers *status quo*".[9] En modsætning som har plaget også det nedenfor omtalte FN, indtil det blev endelig modificeret med vedtagelsen i FNs generalforsamling af *Responsibility to Protect* i 2005.

---

9   Carl Schmitt: Det politiskes begreb, dansk oversættelse 1996 (1932), s. 97-98

De Forenede Nationer

Initiativet til De Forenede Nationer tog USA allerede i januar 1942, kort efter at USA var gået med i krigen på de allieredes side. Den egentlige etablering fandt dog først sted i San Fransisco i 1945 efter krigens afslutning. Dets indledende erklæring lyder således:

Charter of the United Nations

(Ikke længere "covenant", men nu "charter" - en betegnelse helt uden religiøse over- eller bitoner).

Preamblen til Charteret kom til at lyde således:

PREAMBLE

Vi medlemmer af de Forenede Nationer bestemte

at redde efterfølgende generationer for krigens forbandelse, som to gange i vores levetid har bragt usigelige sorger over menneskeheden, og
at bekræfte vores tro på fundamentale menneskelige rettigheder, på værdigheden og menneskeværdet af hvert menneskeligt væsen, på lige rettigheder for mænd og kvinder og for store og små nationer, og
at etablere betingelser under hvilke retfærdighed og respekt for forpligtelser i henholdt til traktater og andre kilder til international lov kan fastholdes, og
at fremme sociale fremskridt og forbedre levestandarden i et liv i større frihed,

Og med det formål

at udvise tolerance og leve sammen i fred med hinanden som gode naboer, og
at forene vores kræfter i fastholdelsen af international fred og sikkerhed, og
at sikre ved accept af principper og fastlæggelse af metoder, at væbnet magt ikke skal tages i brug, undtagen hvor der foreligger en fælles interesse og
at anvende internationale strukturer til fremme af folkenes økonomiske og sociale fremskridt,

Har besluttet at forene vores anstrengelser til opnåelse af disse mål

I overensstemmelse hermed, har vore respektive regeringer, ved deres repræsentanter samlet i byen San Francisco, udvist deres fulde myndighed, fundet i god og passende form, vedtaget det foreliggende Charter for De Forenede Nationer og etablerer hermed en international organisation som vil blive kendt som De Forenede Nationer.

Charterets indledning er således ganske kortfattet, men til gengæld altomfattende.

Det sidste gælder også for dets artikler, som er vokset fra Folkeforbundets 26 til 111, fordelt på 19 "kapitler".
Kapitel 2, artikel 4: "Alle medlemmer skal i deres internationale relationer afstå fra trusler om og brug af vold mod den territoriale integritet eller politiske uafhængighed af en hvilken som helst stat i modstrid med De Forenede Nationers formål."

 Det er således tilsyneladende stadig ikke lykkedes for FCC at anfægte statssuveræniteten - og dog, for der kommer mere i artikel 4.7: "Intet i det foreliggende charter skal autorisere De Forenede Nationer til at intervenere i forhold, der ligger indenfor en stats interne jurisdiktion eller opfordre sine medlemmer til at forelægge sådanne sager til afgørelse under det foreliggende charter; *men dette princip bør ikke forhindre iværksættelsen af foranstaltninger i henhold til kapitel VII*" (min kursivering). Som i sine artikler 39 - 43 stiler mod det modsatte - at beskyttelsen af menneskerettighederne går forud. Det fik så sin endelige pointering med *Responsibility to Protect*, vedtaget af generalforsamlingen i 2005 og indført i FNs vedtægter i form af paragraf 138 og 139. Hermed har menneskerettighederne endelig fået en højere prioritering end statssuveræniteten, som ønsket af de amerikanske kirkeledere.

Spørgsmålet om afrustning har fået en betydelig mere afdæmpet udformning i forhold til artikel 8 i Folkeforbundets "covenant" - således charterets artikel 11. Det kan ikke overraske. Til gengæld har FN med NATO fået et slagkraftig våben at sætte ind i påkommende tilfælde.[10] At det kun har baggrund i 3/5 af sikkerhedsrådets permanente medlemmer er et handicap, som dog forekommer overskueligt set fra de tre vestlige NATO-medlemmers side.

Med den Kolde Krig's afslutning i 1989 blev Ruslands og Østeuropas forsvarssammenslutning *Warszava-pagten* nedlagt, og der var stærke kræfter i Vesten, som også ønskede den vestlige analog NATO nedlagt. Men der var endnu stærkere kræfter, som ønskede den fastholdt, og NATO er i dag - naturligvis uexplicit -FNs våben til indsættelse i påkommende tilfælde.
Artiklernes sproglige udformning viser hen på en kraftig opjustering af den myndighedsrolle, FN har tænkt sig at indtage i forhold til den mere urbane og stilfærdige tone i Folkeforbundets Covenant. Sigtet er dog det samme blot mere dæmpet formuleret dér.

Forenede nationer må ses som en videreudvikling af Folkeforbundet, men kraftigt styrket dels fordi USA, som den egentlige inspirator, nu, i modsætning til i Folkeforbundet, var medlem, dels og samtidig på grund af USAs stadig mere fremtrædende rolle som stormagt. I FN får Sikkerhedsrådet en afgørende rolle. Og dens fem permanente medlemmer får med

---

10 se TFF vedrørende indgåede aftaler mellem FN og NATO:
   http://janoberg.me/2008/12/16/hemmelig-fn-nato-samarbejdsaftale.

deres veto-beføjelser en dominerende indflydelse på verdenssituationen. Af de fem repræsenterer de tre, USA, Frankrig og England, Vesten, mens Rusland og Kina repræsenterer "oppositionen". De fire førstnævnte var de allierede sejrherrer fra 2den verdenskrig, mens Kina er kommet med på grund af landets størrelse. (indtil 1973 dog fastholdt repræsenteret ved Taiwan)

Så FN er kommet for at blive. Der har dog været tilbagevendende diskussioner om specielt Sikkerhedsrådets struktur, herunder om dets veto-institution, men alt er endnu ved det gamle. Det betyder, at de to stærkt decimerede magter, Frankrig og England, fortsat indtager deres plads mellem de tre territorialt set og hvad angår folketal egentlige stormagter, USA, Kina og Rusland.

FN er dog grundlæggende i sine globale visioner tæt knyttet til USAs forestillinger om et verdenshegemoni for amerikanske værdier

I 1945 var der ingen vesteuropæisk eller udenfor Sovjets indflydelsessfære placeret statsmagt, der følte trang til eller behov for at tale USA og dermed dets initiativ til stiftelse af FN imod, men spredte forbehold bliver dog af og til givet til kende, som eksempelvis nedenstående, som bygger på den kendte tyske (nazistiske) jurist Carl Schmitts velkendte tese, at integreret i forudsætningen for en statsdannelse var opfattelsen af en fjende, og derfor "udelukker menneskeheden som begreb fjenden som begreb," og, at "Den politiske verden er et plurivers - en flerhed af politiske aktører."

Ført ajour til dagen i dag lyder forbeholdet, som vedrører USA, men ligesåvel USAs intentioner bag oprettelsen af

Folkeforbundet og siden FN, således:
"Denne dikotomi mellem univers og plurivers afspejler USAs dilemma i vor tid. På den ene side forsøger USA som global supermagt at vinde verden med markedsøkonomi, det liberale demokrati og individuelle menneskerettigheder ....er for USA universelle værdier, hvormed man søger at skabe verden i sit eget billede. I denne magtstræben ligger universalismens tendens til at kriminalisere fjenden, det vil sige fjerne ham fra politikken. I den forstand bliver universalisering, homogenisering, amerikanisering og globalisering synonymer og netop udtryk for vor tids amerikanske dominans. På den anden side har USA det problem, at netop pluriversets logik indebærer, at en fjende er nødvendig for at kunne forblive anerkendt som verdens førende supermagt....Så amerikanerne ønsker et univers, men pluriverset er forudsætningen for at kunne stræbe efter det univers, som ifølge Schmitt aldrig kan realiseres."[11]

Det anførte skildrer utvivlsomt de visioner, som FN er bygget på. Derfor forekommer den i charteret indføjede vetoret for sikkerhedsrådets fem permanente medlemmer uhensigtsmæssig ind til det uacceptable, når den benyttes af Rusland eller Kina til at lægge hindringer i vejen for USAs intentioner, hvorfor USA fristes til i de situationer at handle uden om FN.

---

11   Dansk introduktion ved Lars Bo Kaspersen s. 27 afCarl Schmitt: Det politiskes begreb
     (1932), dansk overs. 1996.
   Carl Schmidt behandler selv emnet i bogen s. 96 - 99

Kapitel 2

FNs Menneskeretserklæring
The Universal Declaration of Human Rights

Fortalen til erklæringen om de universelle menneskerettigheder

Eftersom anerkendelse af den iboende værdighed og af de umistelige rettigheder for alle medlemmer af den menneskelige familie er grundlaget for frihed, retfærdighed og fred i verden,
Eftersom ligegyldighed og foragt for de menneskelige rettigheder har resulteret i barbariske handlinger, som har oprørt menneskehedens samvittighed, og fremkomsten af en verden i hvilken mennesker skal nyde ytringsfrihed, trosfrihed, og frihed for frygt og nød er erklæret som det højeste mål for det menneskelige fællesskab,
Eftersom det er vigtigt, hvis ikke mennesket tvinges til, som en sidste udvej, at gøre oprør mod tyranni og undertrykkelse, at menneskets rettigheder skal være beskyttet ved lov og ret,
Eftersom det er væsentligt at fremme udviklingen af venskabelige forhold mellem nationer,
Eftersom folkeslagene i de Forenede Nationer i et Charter har bekræftet deres tro på de grundliggende menneskerettigheder, på det enkelte menneskes værdighed og betydning og på den lige ret for mænd og kvinder samt har besluttet at fremme sociale fremskridt og en udvikling mod højere livsvilkår i større frihed,
Eftersom medlemsstaterne har forpligtet hinanden på i fællesskab

med de Forenede Nationer at arbejde for den universelle fremme af og respekt for og overholdelse af menneskets rettigheder og fundamentale frihed,

Eftersom en fælles forståelse af disse rettigheder og friheder er af den største betydning for den fulde virkeliggørelse af dette fælles løfte,

Derfor proklamerer generalforsamlingen denne Universelle Erklæring om Menneskerettigheder som en fælles standard at sigte mod for alle folkeslag og alle nationer, således at ethvert individ og enhver samfundsstruktur, ved til stadighed at have denne erklæring for øje, skal stræbe imod, ved læring og uddannelse, at fremme respekten for disse rettigheder.

Betragtninger over fortalen: Ingen vil kunne være uenig i disse anførte gode forsætter. Det er på sin vis deres problem: De er som skabt til, om ikke hykleri, så dog passende overfladiskhed.

Man kan studse over stilen: "eftersom..., eftersom..., eftersom... - - derfor.... Den illuderer en systematisk og logisk opbygning til en konklusion. Som ren retorik. Men som fortale inkluderer den naturligvis også efterfølgende udredning i 30 punkter [se addendum I]. Som dog, antagelig af naturlige grunde, mangler menneskets krav på frihed for sydom og menneskets ret til et evigt liv. Men tusind lykkelige år for menneskeheden og for hin enkelte undervejs er dog altid noget. Og så må man selvom, hvad man vil tro på! Det skal Gud ikke bestemme.

Allerede flere steder i FNs charter havde menneskerettighederne fundet plads, og det skyldtes først og fremmest lobbyvirksomhed fra de amerikanske kirker.

Den amerikanske presbyterianer og kirkeleder Robert Traer skriver således i 1995: at O. Frederick Nolde, professor i mange år ved det Lutherske Teologiske Seminarium i Philadelphia, havde i de første dage af maj 1945 overtalt den amerikanske udenrigsminister til at presse på for mere udbyggede bestemmelser angående menneskerettigheder og fundamentale frihedsrettigheder i FNs charter.

Nolde var generalsekretær for a Joint Committee on Religious Liberty, etableret i 1943af the Federal Council of Churches (FCC) and the Foreign Missions Conference. (Disse to organisationer blev senere fusioneret under navnet the National Council of Churches of Christ in the U. S. A.).

Den amerikanske historiker Andrew Preston giver i 2012 følgende skildring af udviklingen omkring menneskerettighedernes indpasning i charteret: Forskellen mellem 1919 og 1945 var dramatisk, og meget af det havde at gøre med kirkernes organisatoriske iver....The Federal Council of Churches (FCC) ... var, ligesom andre NGOer, blevet inviteret til at komme med forslag. Sammen med Noldes Joint Committe on religious Liberty (også det etableret af FCC) foreslog de ni indføjelser i FNs charter, af hvilke fire... - blandt dem en deklaration om de fundamentale menneskerettigheder - blev accepteret."[12]

De amerikanske protestantiske kirker havde således udvirket, at menneskerettighederne fik en fremtrædende plads i FNs charter.

---

12 Andrew Preston: Sword of the Spirit, Shield of Faith. Religion in American War and Diplomacy. New York-Toronto 2012, s. 409

Denne bestanddel af charteret fik FN til at nedsætte en arbejdsgruppe under formandskab af Franklin Roosevelts enke Eleanor Roosevelt med henblik på at udarbejde en erklæring om de universelle menneskerettigheder. Den fik en udformning, hvis indlednings ordlyd ovenfor er gengivet. Derudover kom den efterhånden til at bestå af 30 punktvis nedfældede rettigheder (se addendum I), som hvert menneske i menneskeheden kunne kræve opfyldt. Der var ingen religiøse grundholdninger i menneskeretserklæringen, med mindre man kunne tildele hele erklæringen som sådan en religiøs vision, hvad der kunne føles nærliggende, eftersom det var de kristne kirker, der havde været inspirator bag deres udformning. Men var der ingen Gud at øjne, så opstod der til gengæld med tiden et ganske betydeligt præsteskab. I form af en omfattende organisations-opbygning i FN og i alle medlemslandende samt i form af non-governmental organisations (eller non-profit organisations). Alt sammen til udlægning af teksten for de overordnede, tilsynsførende myndigheder. Hvem det så var og med tiden blev.

Om tiden efter 1948

"....der var ikke megen blæst om menneskerettighederne før 1970-erne, da legitim statsmagt baseret på respekt for menneskerettighederne blev rodfæstet som en significant faktor i verdenspolitikken. Engagementet omkring menneskerettigheder var særlig udtalt på græsrods-niveau. Med tiltagende hjemlig politisk støtte i et antal lande, voksede NGO'er engageret med at fremme og beskytte menneskerettigheder i både størrelse, organisation og indflydelse gennem det årti.

Den øgede interesse for menneskerettighederne tændte imidlertid også op under en anti-kommunist agenda...[13]

I dag hævder regeringer og internationale institutioner menneskerettighederne som en af grundpillerne i det internationale system, og de proklameres i samme åndedræt som fred, demokrati og retshåndhævelse som en universel værdi på højeste niveau.
Menneskerettigheds-konceptet er ikke blot godtaget af politikere og regeringer, men også af deres kritikere i NGO-kampagner, i medierne og blandt akademikere, fordi det ses som dannende ramme omkring en radikal og transformerende tilgang til et internationalt samfund....

"Erklæringen om de universelle menneskerettigheder, vedtaget af de Forenede Nationers Generalforsamling i 1948, er blevet vedtaget af så godt som alle regeringer repræsenterende alle samfundstyper.... Menneskerettighederne er blevet integreret i så godt som alle 170 medlemslandes konstitutioner...."

Menneskerettighedernes universelle udbredelse set fra verdens eneste tilbageværende supermagt, er kraftigt markeret af de Forenede Staters årlige Country Reports on Human Rights Practices. Den første rapport i 1977 omfattede 137 sider; den sidste rapport fra det 20. århundrede løb op i 6000 sider.

I dag infiltrerer talen om menneskerettigheder enhver diskussion om internationale temaer..... I dag, kan praktisk talt ingen stat tillade sig ikke at deltage i en eller anden form for menneskerettigheds-diplomati.[14]

---

13 Andrew Preston 2012, s. 563
14 Rethinking Human Rights. Critical Approaches to International Politics. Ed. by David

"Hvordan har det dog kunnet gå til, at disse 30 punkter er blevet den nye religion eller grundlov for menneskeheden? At de er genstand for højtidelige rundbords-konferencer i de mest fremtrædende af verdens fora og behandles med de alvorligste miner af ledende, velklædte repræsentanter for alle verdens statssamfund, skønt med mest alvor og størst engagement af de vestlige, som dog også, efter at have været hovedansvarlige for to verdenskrige, omkostningerne efter nedkastningen af to atombomber samt initiativtagere til den krigeriskhed, som fortsat kræver utallige menneskeliv, har brug for at se sig selv som menneskehedens mest behjertede forsvarere.

Hvordan ville verden se ud uden denne erklæring om menneskerettighederne?
Bortset fra, at et stort antal mennesker måtte søge sig ny beskæftigelse eller interesse?
Og bortset fra at et stort antal samfundsstrukturer i form af domstole, pensa ved universiteternes juridiske fakulteter samt kommissioner og komiteer ikke ville være blevet etableret;
Og bortset fra, at en rigdom af non-governmental organisations og non-profit-organisations med samt deres ikke ubetydelige medlemsskarer ikke havde set dagens lys;
Og bortset fra, at den vestlige verden havde mistet sin begrundelse for indgriben i form af sanktioner eller - i nødsfald - i form af våbenmagt (eller i det mindste droner) mod en fjendtligsindet eller potentielt fjendtligsindet omverden;
Og bortset fra, at menneskeheden i så fald måtte frafalde sine krav på værdighed og frihed til både dette og hint (eksempelvis

Chandler. London 2002
David Chandler: Introduction: Rethinking Human Rights, s. 1-3

frit valg af egen Gud og ægteskabspartner samt retten til at sige og skrive og tegne lige, hvad man havde lyst til) hos den stedlige myndighed eller hos den mere centralt-liggende autoritative appelinstans. (Ikke uvæsentligt: "den centrale appelinstans". Indtil videre må denne centrale myndighed, "den globale stat", udgøres af FN, - der må figurere som overinstans for det globale menneske med sine 30 frihedsrettigheder. Dette stakkels grænseløse menneske, som indtil oprettelsen af en verdensstat er en abstrakt, optrevlet og hjemløs emanation trods den etablerede institutionelle jura og dens bureaukrati).

Bortset fra alt det, ville vi i så fald kunne vinke farvel til tusindårsriget med eller uden Jesus' genkomst, med fred på jorden og med mennesker, som satte pris på hinanden og levede sammen i kærlig fordragelighed? Og indtil da blot fortsætte som vi havde gjort i umindelige tider og sætte hvor lid til kompensation for verdens fortrædeligheder og menneskers ufuldkommenhed i et transcendent efterliv? Og blot fortsætte et jordeliv, hvor slægter følger slægters gang på godt og ondt?

Som religion betragtet glimrer menneskerettighederne ved at være absolut dennesidige. Uden visioner om det hinsidige, er de blottet for transcendentale forestillinger endsige oprindelser. De er udtænkt af mennesker for mennesker og vedtaget af mennesker. Der er ingen Messias der. Ingen genkommen Jesus Christus.

De handler vel ikke om her og nu, men om hvordan det hele skal blive bedre i morgen og sidenhen. De rækker naturligvis ikke ud over døden.

Det er den eneste religion, som ikke er omgærdet af

religionsfrihed

Betragtet som lovgivning sætter den sig over religionerne ved at dekretere religionsfrihed, mens den fastholder egen uafviselighed. De universelle menneskerettigheders 30 punkter er dermed fastslået som en grundlov for menneskeheden. Hvis de skal forstås som en lov og ikke som menneskehedens "allerhelligste", som det er udtrykt i en ledsagende kommentar. Uden anden højere instans end mennesket selv, er de vedtaget på demokratisk vis den 10. december 1948 i FNs generalforsamling. Ved håndsoprækning.

Konklusion - suppleret med, hvad vi kunne finde og udlede om emnet fra boghylderne:
1. Et projekt for omsorg, der overstiger menneskets evne til empati.
Den tyske sociolog Hans Joas finder dog, at det er mindre væsentligt. Menneskets helliggørelse, som erklæringen fastslår, vil "motivere os til empati", hævder han.[15]

At erklæringen således i sig selv skulle udløse en medfølende indlevelsesevne de menneskelige væsener imellem må vel henføres til Hans Joas' begejstring for det, han ser som dens nye opløftende menneskesyn, og forudsætter således, at menneskeheden som helhed lader sig henrive til en tilsvarende euforisk begejstring, hvad der næppe kan betegnes som en selvfølgelighed, verdens aktuelle tilstand taget i betragtning. Og Hans Joas'

---

15 Hans Joas: Die Sakralität der Person. Eine neue Genealogie der Menschenrechte, Berlin 2011, s. 100 - 101: Die Einfühlung in das Leiden imaginärer andere setzt... ein Potential frei das sich im menschlichen Universalismus rechtlich articuliert......Wie unterscheidet sich die These von der Expansion der Empathie von der einer fortschreitenden Sakralisierung der Person? Mir scheint die Dimension der Sakralisierung fundamentaler als die der Empathie....Die Sakralisierung der Person motiviert uns zur Empathie; die Empathie allein bringt sie Sakralisierung der Person - aller Personen - nicht hervor.

"sakraliserede" menneske er forsat ikke udødeligt

Lidt mere om menneskerettighedernes sakraliserede menneske set i forhold til den i FN-chartret knæsatte stats-suverænitet skriver den britiske professor i Internationale Relationer ved Westminister University i London, David Chandler:"Ledende kosmopolitiske intellektuelle søger at udfordre de inter-statslige rammer i FN-Charteret....som prioriterede staters ligestilling samt ikke-intervention. De argumenterer for, at disse principper bør erstattes af nye...., som først og fremmest retter fokus mod universelle, individuelle rettigheder for medlemmer af "det globale samfund."
"Kosmopolitterne argumenterer for, at staten og det repræsentative demokrati stadig har en vigtig rolle, men at disse institutioner ikke kan have det sidste ord, når der skal træffes beslutninger. Under visse omstændigheder, hvor de ikke er tilstrækkelig demokratiske, bør det være muligt at tilsidesætte suveræniteten til fordel for institutioner, som er "autonome og uafhængige", og hvis legitimitet er udledt fra den globale borgers universelle rettigheder uindskrænket af de nationalstatslige rammer."[16]

2. En juridisk-bureaukratisk humanitet som en imitation af menneskekærlighed.

Den danske forfatter Paul la Cour er således mindre begejstret end Hans Joas. Han udtrykker sin skepsis således: " I sandhed en utrolig mængde friheder man tildeler os...To sygdomme gnaver..på verdenserklæringen: Dens forhold til den nære fortid og dens mangel på et holdbart menneskesyn.
Det er...et udtryk for mangel på et sandt, rummeligt og gyldigt menneskesyn, at erklæringen ikke tager hensyn til andre kulturers værdier, som på talløse områder ikke står under vore....og som vi har den mest åbenbare interesse i at træde i levende forbindelse med...... verdens-erklæringen kender ikke disse folkeslags idealer, men kun den vestlige verdens, og idet den vil give dem absolut gyldighed, gør den sig i virkeligheden til et erobrende værktøj", og senere: "Samtidig med at man

16 David Chandler: The Limits of Human Rights and Cosmopolitan Citizenship, i
   Rethinking human rights, 2002,   s. 116 og s. 118-19-

proklamerer menneskets ukrænkelige værdighed, søger man tvært imod uden at vide det at gøre det sammenhængsløst, fordi man ikke længere har noget menneskesyn...det er det, forekommer det mig, som de Forenede Nationers verdenserklæring røber."[17]

3. Magtudøvelse maskeret som filantropi.
I 2010 skriver den canadiske politolog Jan Hancock ansat ved afdelingen for politisk videnskab ved det canadiske universitet i Nova Scotia, med udgangspunkt i en analyse af Bush junior og hans administrations overvejelser op til og under krigen mod Irak. En analyse som munder ud i en indsigt i Woodrow Wilsons overvejelser op til, under og efter 1. verdenskrig. Han finder, at "..the 1913-20 Woodrow Wilson and the 2001-2009 George W. Bush Administrations repeatedly presented foreign policy precisely in terms of promoting rights and freedom."
    "..the hegemonic discourse produced the identities of political actors in line with strategic priorities by differentiating the good from the evil, the threats from the normal, the friends from the enemies, the terrorists from the freedom fighters, the legitimate from the illegitimate, the oppressors from the oppressed and the dangerous from the safe."[18]

4. En usurpation af menneskets ansvar for sig selv og sit liv. Eller: En ukaldet og påtrængende mæcens gøren krav på juridisk at varetage mine og min arts interesser.

Retten til at være menneske. Udgivet af Danmarks Radio for undervisningsministeriet i 1985. Forfatter: Magister i filosofi Ole Thyssen.
    Heftet rummer en af de talrige redegørelser om den

---

17 Solhøjde. Essays af Paul la Cour. Gyldendal 1959. udvalgt af Bjørn Poulsen og Ole Wivel., s. 258 og s. 261.
18 Jan Hancock: Woodrow Wilson revisited: Human rights discours in the foreign policy of the George W. Bush Administration. I European Journal of internaional Relations 16(1) s. 57-76, 2010- s. 57:

filosofiske og sociale baggrunnd for menneskerettighederne. Forfatterens grundholdning til dem er positiv, men han undlader ikke at påpege de mere kontroversielle aspekter. Under overskriften *Politisering af menneskerettighederne* omtaler han således menneskerettighederne som dække for magtpolitik og nævner, at "Mange stormagter har tilsløret deres magtpolitik med blød snak om menneskerettighederne. De har henvist til krænkelser eller ligefrem selv iscenesat "krænkelser".
Efter en omfattende gennemgang, som mere påpeger de positive sider af menneskeretskonventionen, konkluderer heftets forfatter følgende om "den dybere mening med menneskerettighederne":
"Ved at være en lov uden for loven giver menneskerettigheder ret til civil ulydighed. de giver ret til at begå ulovligheder, som ikke bare er affekt eller forsøg på at blive rig uden at arbejde. Når lovene er uretfærdige, er det rigtigt at vægre sig ved at følge dem. Det kræver skønsomhed...Men menneskerettighederne er et internationalt grundlag for ulydighed på menneskets vegne."

Nu kan menneskerettighedskonventionen ikke i hvert fald ikke fortsat, blot være en "lov udenfor loven". Derfor må hver eneste af FNs nationer stå skoleret - overfor hvem? Netop overfor den eneste tilbageværende supermagt, som også Ole Thyssen erkender har tilbøjelighed til, at "tilsløre deres [nu: sin] magtpolitik med menneske-rettighederne". Et forhold som næppe er blevet mindre påtrængende siden hans redegørelse fra 1985.

Det er og bliver et afgørende handicap for menneske-rettighederne: Spørgsmålet om, hvem der tager vare på dem. De kommer naturligvis ikke ud af den blå luft, som en deus ex machina. Det er betryggende, at der er en magtfuld instans, som (ganske vist selvbestaltet) har påtaget sig at varetage mine fundamentale rettigheder som menneske. Det er naturligvis beroligende at vi nyder helhjertet beskyttelse overfor menneskets mere ubehagelige sider, såsom dets magtlyst og andre ondskabsfulde tilbøjeligheder. At der findes nogle, der har evnet at løfte sig op over det almindeligt tilbagevendende menneskelige kævl og tone rent og ubesmittet flag. Det turde være en selvfølgelighed, at onde mennesker eller mennesker med onde hensigter ikke kan være omfattet af menneskerettighederne. De gælder naturligvis kun for sådan nogen som mig og Peter og ligesindede samt så selvfølgelig for vores ansvarsbevidste, magtfulde beskyttere.

Kapitel 3

De monoteistiske religioner og verdensoffentligheden
Det forekommer umiddelbart indlysende, at det er de religiøse kræfter, også i skikkelse af præsident Wilson, som er de egentlige initiativtagere bag en sådan verdensomspændende organisation omfattende alle stater eller regioner. Det falder smukt i tråd med den religiøse økumeniske tænkning - og det initiativ som udgår fra først og fremmest FCC, skal - også ifølge egne udsagn - ses som en parallel forestilling (om overvindelse af verdens uhensigtsmæssige u-ensartethed).

Desuden er det en naturlig udvikling for og konsekvens af de monoteistiske religioner at betragte den hele verden som sin opgave og sin udfordring. En selvfølgelig religiøs udfordring, som i det lange løb ikke længere lod sig skelne fra en politisk, især efter at religionen med sit nyetablerede sociale sigte - the social gospel - til erstatning eller i det mindste supplement til det privat personlige, havde fået politiske visioner. En udvikling som fik sin særlige betydning i USA, hvor politikken altid havde haft - i det mindste latente - religiøse konnotationer eller ligefrem aspirationer

De var en religiøs grundforestilling bag de kristne kirkers omfattende missionsvirksomhed gennem århundreder. De var en fast bestanddel af den vestlige verdens imperiale initiativer siden slutningen af 1400-tallet.

Den katolske mission fulgte således i kølvandet på især de spanske og portugisiske opdagelser og koloniseringer i Amerika (nord- syd og mellem) og Afrika, senere fulgt op af Frankrig.
   Efter reformationen fulgte de protestantiske missionærer med den nye imperialistiske stormagt, England, samt i mindre omfang Holland. Katolikkerne fulgte med efter bedste evne, der hvor Frankrig og senest Italien gjorde erobringer i det fremmede. Også irske katolske missionærer har ydet deres væsentlige bidrag.
Fra først i 1800-tallet spiller amerikanske protestantiske missionærer en tiltagende og efterhånden en dominerende rolle.

I det følgende vil jeg se nærmere på den afgørende rolle, denne missionsbevægelse op i 1900-tallet vil få på udformningen af Amerikas udenrigspolitiske visioner. Men først lidt generelt om den missionerende aktivitet knyttet til de tre monoteistiske religioner:

45

Af de monoteistiske religioner er den ældste den jødiske, og den havde antagelig sin missionære blomstringstid så tidligt som i romertiden frem til anerkendelsen af den kristne religion som Roms statsreligion i det 4. århundrede. Men den var tilsyneladende endnu aktiv op i det ottende-niende århundrede.[19] Siden har den alene været en religion for det jødiske folk, som derved fik en elitær status i forhold til "gojim" - de omgivende ikke-jøder. Hvis den fortsat rumme missionske visioner, må det ses i den sammenhæng.

Den yngste monoteistiske religion opstod senere (i 600-tallet) i form af den islamiske. Islam har ikke haft en organiseret missionsvirksomhed, men en tidlig, kraftig verdslig og religiøst ekspanderende holdning. Islam spredte sig oprindelig parallelt med de store arabiske erobringer, og indenfor de erobrede områder fandt betydelige konverteringer sted. Tilstedeværelsen af andre religiøse grupperinger var dog accepteret, som markante eksempler Spanien og senere Balkan samt den fortsatte tilstedeværelse af kristne og jødiske menigheder spredt i islamisk regerede områder, og de synes ikke at have været genstand for egentlig missionsvirksomhed, men muligt nok for et stærkt administrativt pres for at konvertere. De kristne og jødiske mindretalsgrupperinger i Mellemøsten fandtes op gennem århundrederne indenfor rammerne af de islamiske statsforbund, accepterede under særlige administrative vilkår frem til i dag. Dog antagelig anset som mindreværdige samfundsborgere.

19 For nærmere omtale af den oprindelige jødiske missionsvirksomhed se: Shlomo Sand: The Invention of the Jewish People (2009), paperback edition 2010, s. 190-249

Efter et par hundrede år gik den islamiske ekspansion imidlertid i stå, men de under den tidlige ekspansion erobrede områder i Nordafrika, Mellemøsten og Asien beholdt siden stort set deres islamiske religion. Men ekspansiv var Islam ikke længere.

Da Islam stagnerede overgik det missionerende initiativ til de kristne kirker.

Af de tre monoteistiske religioner har det så afgjort været den næstældste, den kristne, der har været den stærkest missionerende. Først ved den katolske kirke, siden i nok så høj grad ved de forskellige protestantiske kirkelige retninger.

Når den kristne kirke var så stærkt missionerende skyldtes det, at den, til forskel fra de to andre, i sit grundlag var absolut intolerant overfor anderledes troende. Blandt den kristne kirkes katekismus' ti bud er som bekendt det første: "Du må ikke have andre guder". Et bud som var uforeneligt med oprindelig islamisk praksis (skønt ikke med islamiske monoteistiske forestillinger) og - udenfor det jødiske samfund - uvæsentligt i det mindste for den senere og nuværende jødiske religion.

Men den kristne gud var grundlæggende gud for hele menneskeheden, Så med den indledes de globale visioner, som med de imperialistiske, europæiske initiativer fik en tiltagende global betydning ledsaget af håbet om realisering.

Med tiden tog denne udvikling i særlig grad fart og voksede i omfang i USA, hvor den bidrog til den særlige udformning, som imperialismen fik der op gennem det tyvende århundrede. Selv blev den båret frem og sluttelig til dels endog opslugt af den massive bølge af teknologisk og medfølgende, afledte samfundsmæssige ændringer, der satte ind fra sidste halvel af det nittende århundrede.

Der udviklede sig i USA forskellige kirkeretninger udsprunget af protestantismen, som dér blev en mere og mere særpræget variant af Calvins protestantiske retning, bragt til landet med de tidligste indvandrere.

I det 17. til 19. århundrede sprængtes den amerikanske protestantisme i en hærskare af divergerende kirkeretninger.

Til dels med udgangspunkt i disse kirkeretninger satte de protestantiske bevægelser kraftige spor i den amerikanske selvbevidsthed, udmøntet i at være et exceptionelt, af Gud udvalgt folk, et nyt Israel, med sin særlige også udadrettede politiske mission, sin "manifest destiny". Disse amerikanske forestillinger er i dag også indforlevet i den amerikanske katolske kirke og i den jødiske menighed.[20]

Den amerikanske protestantisme fik således, trods alle sine varianter og afskygninger, afgørende indflydelse på amerikansk selvforståelse og derigennem også på amerikansk udenrigspolitik. Dermed på den historiske udvikling ikke mindst efter de to verdenskrige i det 20. århundrede. Men helt central blev dens opfattelse af at have en verdensomspændende mission i Guds navn. Den grå eminence bag vestlig imperialisme var således, i det mindste oprindelig, Vorherre selv.

Vender vi tilbage til Folkeforbundet og dets afløser De Forenede

---

20 Will Herberg: Protestant Catholic Jew, 2de reviderede udgave 1960

Nationer med dens Universelle Menneskeretserklæring fra 1948, er det indlysende at den initierende kraft her har været sammenslutningen af amerikanske protestantiske kirker. Logisk set i lyset af deres gudsforestillinger som værende universelle og globale med den deraf følgende omfattende missionsvirksomhed.

Jesus-figuren og de nye tider?
Der er sammenfald mellem de tre monoteistiske religioners Gud, Jahve og Allah. Guddommeligt distante og autoritære.
Det er i de religiøse grundtekster Jesus-skikkelsen og dermed Det Nye Testamente som afgørende skiller kristendommen fra de to andre monotheismer.
Men Jesus-skikkelsen mindsker ikke den verdensomspændende karakter af kristendommen. Det særlige ved Jesus er, at han er både menneske og Gud. Dermed, i modsætning til sin fader, velegnet først til missionen, sidenhen til civil religion og FNs menneskeretserklæring. Jesus tog bolig iblandt os, og en dag vil han vende tilbage. Han er os mere håndterlig. Hans moral kender vi (i modsætning til hans distante fader). Han har genkendelige, skønt ekstraordinære menneskelige dyder. Som kolonimagter var det, og som verdensherskere er det en styrke at kunne pege på vores fundamentale kristelige ydmyghed, overbærenhed, tålsomhed og askese som den legitime baggrund for vores krav på verdensherredømmet. Det er alt sammen - skønt det periodisk kan virke lidt voldsomt - for menneskehedens egen skyld. En overordnet solidaritet med enkeltmennesket, hverdags-mennesket. Vi kæmper dets sag mod magtbrynde og overgreb. Endnu mere end Gud selv har Jesus et humant set berettiget krav på verdensherredømmet. I al ydmyghed.

49

Meget deraf kan genkendes i de universelle menneske-rettigheder.

Men mens menneskerettighederne er universelle, er religionerne fortsat partikulære og derfor nu henvist til en mindre fremtrædende, mindre betydelig rolle.

De universelle menneskerettigheder har intet ingredieret gudsbegreb. De sætter sig, som ovenfor nævnt, igennem som et rent sekulært, ikke-religiøst, juridisk begreb.

Så indenfor disse rammer er Gud ikke længere tilstede. Kun minderne. Om han er afdød eller blot afskediget, er det ikke muligt på det grundlag at afgøre.

Med denne korte gennemgang af de verdensomspændende strukturer, som er bragt til veje i det tyvende århundrede, er det således muligt at konkludere, at i de sammenhænge er Gud således ikke længere at finde, dette til trods for at han undervejs har spillet en så fremtrædende rolle. Ikke en gang ordet Gud er det muligt at oplede. Det til trods for disse strukturers oprindelse i amerikanske kirkelige sammenhænge Og det skulle dog ellers være honnet og velopdragent folk, der tager vare på beslutningsprocesserne og den hele dagligdag i de dermed forbundne organisationer. Men en egentlig central myndighedsinstans, udover hvad der ligger i selve organisationernes hierarkiske strukturer, kan man ikke pege på. (Her påpeger Peter dog, at efter hans opfattelse, har ordet "kontorchef", eller "sektorleder", samt deres yndede angelsaksiske transskriberinger fået en ganske ny aura og en mere sprød klang i de kredse).

Kapitel 4
Lidt om Guds udvalgte folk

Da der er grupperinger, som anser sig selv som særlig udvalgte af Gud til at varetage hans interesser, kunne det være nærliggende herefter at se lidt nærmere på dem, der således anfører sig som stående Gud nærmest og havende hans særlige bevågenhed.

I vor tid er det de, som hævder deres pligt til at træde i Guds sted på menneskehedens vegne, overfor de, som fører os på afveje eller handler imod samme Guds bud (De Forenede Stater), eller som er bibelstærkt forbillede for de første, men som er plaget af påtrængende og gudsfornægtende udenforstående (Israel). USA og Israel står derfor udenfor enhver menneskelig overnational domstol. Deres, set i forhold til menneske-rettighederne, muligvis syndige handlinger er legitimerede ved den aksiomatiske (den inappellable) karakter dels af dem selv, dels af modparten og kan derfor ikke gøres til genstand for en juridisk prøvelse endsige domfældelse. De er, sådan som sagerne står, kun ansvarlige overfor Gud selv. De har således eneret på at tolke Guds, subsidiært Jehovas, ofte lidt dunkle tale.

Bag al nationalisme og troen på en særlig forpligtelse ligger vel en forestilling om at være et særligt udvalgt folk, som af Gud har været tildelt en, stærkt svingende, men aldrig ganske fra sit ophav udskilt rolle, før måske i den aller nyeste tid.
Men nogle folk er mere udvalgte end andre. Især synes de større vestlige nationer i særlig grad at være favoriserede både på

hjemme- og udebane. De mindre prøvede at følge med, men de var for små til at klare det i længden. Det blev så først og fremmest England og Frankrig, der måtte bære "the White Man's Burden" - og med en broget blanding af handelsmænd og krigsfolk og missionærer søge at bringe den vestlige civilisation og andre udtrýk for deres udvalgthed til de fremmede lande og til jordens fjerneste egne. Vel var det Gud og Sønnen og Helligånden, de vestlige missionærer bragte til torvs i fjerne lande, men de var alle tre i regelret vestlig påklædning, så som wicklers, spidsbukser og tropehjelm. Det var denne udvalgthed, som bar britisk og fransk imperialisme. Den sidstnævnte kom dog på afveje med revolutionen og Napoleons florissante egotrip. Siden søgte Frankrig at leve højt på minderne, men efter 1814 og op gennem 1800-tallet frem til 1. verdenskrig blev det Storbritanien, som afgjort tog teten. Videre op gennem 1900-tallet svigtede imidlertid også der enten Gud eller selvtilliden, og kun minderne om fortids storhed gør, at de to imperiestater England og Frankrig i dag har plads blandt de fem mest magtfulde medlemmer af de Forenede Nationer. I og med, at de var på den vindende side under 2den verdenskrig, får de så trods alt stadig lov til at være med til at styre verden. Det har så yderligere den fordel, at Vesten altid vil have flertallet ved afstemninger blandt de permanente medlemmer i FNs sikkerhedsråd.

Men, igen: de to folk, som i det 20. århundrede så aldeles har indtaget pladsen som guds udvalgte, er Israel og USA. De gør det tilsyneladende mere éntydigt samt med større kraft og overbevisning end deres forgængere. For at citere den faste

columnist i *Asia Times* under det prætentiøse pseudonym
Spengler, David P. Goldman: "Alle mennesker er skabt lige, men
det gælder ikke alle nationer. Der er to, og kun to nationer i
verden, som er "udvalgte", fordi deres indbyggere blev borgere af
eget valg snarere end ved en tilfældighed: De Forenede Stater og
staten Israel. Alle andre nationer i verden definerer sig selv
territorialt og ved fødsel." [21]

Nogle nationer er således fortsat mere lige end andre. Og
dem bør vi nok kigge lidt nærmere på i deres angivelige
grænseløshed. Desuden må de som Guds udvalgte stå inde for
Guds eksistens, men forhåbentlig også for hans tilstedeværelse
og tilgængelighed på rette sted.

Israel

Af de to exceptionelle nationer indtager Israel i henhold til biblen
en unik placering. Dets udvalgthed er solidt tilkendegivet i det
Gamle Testamente, hvor den er fastslået i indgåede pagter
mellem Gud selv og blandt andet Moses og Noah og Abraham.
De var repræsentanter for Guds udvalgte folk, "God's sacred
congregation, destined to "illuminate the nations".[22] Den jødiske
vision var – "baseret på Daniels bog. Efter fire uhyrer = fire
verdensriger er blevet besejret "vil the "Son of Man" føre Guds
armé til den sluttelige sejr, og et evigt Guds rige vil blive
grundlagt over den hele verden".[23] Endelig var Guds løfte til
Abraham, "the covenant of grace", således kaldet fordi den af

---

21 David P. Goldman: Asia Times 2 Juli, 2015: Will Israel save America? Without a sense
   of exceptionalism, a country of chosen people cannot prosper.
22 Shlomo Sand: The Invention of the Jewish People, English ed., Paperback, 2010, s. 250
23 Ernest Lee Tuveson: Redeemer Nation. Midway Print. University of Chicago
   Press.1980. s. 2

Gud var afgivet uden betingelser, at en efterkommer af kong Davids slægt en gang ville stille sig i spidsen for det jødiske folk og føre det tilbage til "Eretz Israel", som strakte sig fra Egypten til Eufrat. Hvorfra de skulle sprede lyset over den hele verden. Det var en så kraftig tilkendegivelse, at den, siden deres angivelige fordrivelse fra Palæstina i det første og andet århundrede efter Kristi fødsel, har holdt sammen på det jødiske folk i diasporaen i 2000 år. At være således udvalgt af Gud rummer en kaldelse: De var udvalgt og fundet værdige, berettede profeterne, til at udrette Guds gerninger."[24] Og ikke blot var de udvalgt af Gud som folk, men også landet Israel var således lovet dem af Gud som deres territorium. Dette sidste løfte blev så successivt over mellemstationer 1897 og 1917 endelig realisreret i 1948, men i en stadig og fortsat kamp med områdets arabiske indbyggere og de omgivende arabiske stater, som ikke havde noget eller til nød et anderledes forhold til biblen og derfor så på de deri givne løfter til de indtrængende jøder med nogen, ikke ganske uberettiget, skepsis.

Israel var således egentlig ikke territorialt afgrænset. I det mindste ikke principielt. Israel var alle jøders land, hvor de end befandt sig på jordkloden. Det var ledende zionisters syn på Balfour-deklarationen fra 1917 og på staten Israel ved dens etablering i 1948.

Jøderne må til gengæld opfatte sig selv som en slags "free spirits" - i deres forhold til deres omverden, eksempelvis FN, men først og fremmest i forhold til den indfødte palæstinensiske

---

24 Ernest Lee Tuveson: 1980, s. 138

befolkning. Som Guds udvalgte folk med Guds løfte om Israel, "the promised land,", kan Israel ikke synde. Det har været baggrunden for adskillige konflikter op gennem tiden, at jøder "ikke kan synde". I hvert fald ikke overfor deres ikke-jødiske omgivelser. De rettroende jøder har gennem de 2000 år i diasporaen været i en undtagelsessituation - stort set ikke underkastet anden lov end Jahves og (dermed) deres egen. Det er det, som grundlæggende har fastholdt dem som folk. Til trods for, at en stor del af dem med tiden blev assimilerede og fik borgerrettigheder i de lande, de boede i.

At de er Guds udvalgte folk betyder også, at de, i overensstemmelse med Talmud, Tora'en og det Gamle Testamente, opfatter sig som indtagende en særstilling i Guds bevågenhed i forhold til "gentil'er" eller "gojim" = ikke-jøder.

Størsteparten af sekulære, ikke-religiøse jøder indtager den samme eller en tilsvarende holdning til det at være jøde.

Zionismen var således en sekulær, ikke-religiøs jødisk bevægelse, sat i gang af den østrigske journalist Herzl i 1897. Endskønt den var sekulær, fastholdt den dog sin bibelske basis. Den valgte også at basere sig på en særlig jødisk genetisk etnicitet, skønt en sådan, trods stor udvist ihærdighed, viste sig umulig at fastslå.[25]

Ikke at Israel og rettroende jødiske organisationer ville anerkende betegnelsen "free spirits". Men lighedspunkterne er påfaldende. Det anførte gælder for både ortodokse og sekulære jøder, og er næppe blot knyttet til staten Israel, men også til en stor del af det

25 Shlomo Sand: The Invention of the Jewish People. Paperback ed. 2010, s. 250 .

internationale jødiske samfund. Og det er knyttet ikke blot til jødisk religion, men til jødens opfattelse af sig selv som hørende til et særligt udvalgt, exceptionelt folk.

Og det er der, Israel er hævet over begrebet synd. Israel underkaster sig ikke nogen jordisk, international domstol, og med fuld opbakning fra oven vel heller ingen overjordisk. Dog er det for den troende jøde en kendsgerning, at det jødiske folk igen og igen har brudt de indgåede aftaler med Gud og derfor må ty til fornyelser af pagten med dets skaber. Den begrænsning kender den sekulære jøde ikke. Han kan ikke, sådan som den troende, sigtes af en overjordisk instans for aftalebrud.

Meget var dog ændret, da det jødiske folk i overensstemmelse med den sidst indgåede aftale med Gud var vendt tilbage - dog nu helt på eget initiativ og uden "messias" - til "the promised land" og så sig henvist til den møjsommelige opgave at rense det for uvedkommende og gøre det ryddeligt for sig selv.

Den israelske stat er altså grundlagt som en stat, hvori kun jøder kan få fuldt borgerskab. Ved ansøgning om borgerskab skal man i dag blot kunne dokumentere, at ens moder er jøde. De i staten resterende arabiske palæstinensere er henvist til at søge om israelsk borgerskab. Det modsætter størsteparten sig i og med, at det indebærer anerkendelse af staten Israel. I så fald er de i staten som Resident Palestinians in Israel med - i det mindste reelt stærkt beskårede rettigheder. Det samme gælder for palæstinensere i det område på Vestbredden af Jordanfloden og i Østjerusalem, som fastholder den internationalt anerkendte palæstinensiske stat, men nu siden 1967 lever under israelsk overhøjhed.

Udefra kan kun jøder få adgang til israelsk statsborgerskab. Hele grundlaget for Israels eksistens og den israelske stats befolkningspolitik har således et klart ethnocentrisk, men dog -i det mindste principielt - et fra oven anerkendt præg.[26]

Men med svækkelsen af Zionismens bibelske fundament, svækkedes også troen på den guddommelige mission til fordel for en opfattelse af en udvalgthed i det at være jøde. Som Shlomo Sand skriver: "Med den nationalistiske æra i vor tid blev guddommeligheden sparket ned fra sin piedestal; herefter blev sandheden om det jødiske folk alene baseret på Toraen og de bibelske fortællinger, hvor de berettede om rent menneskeligt begrundede handlinger. Men hvordan gik det til, at de mirakuløse udslag af et guddommeligt forsyn med et blev forkastet som usande, mens de menneskelige fortællinger, som var vævet ind i dem, blev fastholdt som historiske kendsgerninger?"[27] Men denne sekulære jødiske bibeltolkning sammen med det videnskabeligt uholdbare forsøg på at etablere en genetisk baseret racisme må have betydet en svækkelse i forhold til den guddommelige mission og dermed en øget usikkerhed i forholdet til de islamiske omgivelser, de med deres etablering i Palæstina havde nedkæmpet og fortrængt. De frie ånders Gud var trængt i defensiven, og de måtte sætte deres lid til magtfulde ligesindede. Det føltes betryggende, da de Forenede Stater i 1990-erne, men først for alvor fra 2003, på frie ånders vis tog ophold i nabo-områderne.[28]

---

26 Samme, 2010, s. 324-325 om "Jewish ethnocentrism".
27 Shlomo Sand, 2009, s. 65
28 John Mearsheimer and Stephen M. Walt: The Israel Lobby and U.S. Foreign Policy, United States 2007, s. 258-259

United States of America

For de indvandrende puritanere fra England, som først i 1600-tallet kom til Amerika, fremstod deres nye rige også som et "promised land", som et "nyt Israel". De flygtede af religiøse grunde fra et tiltagende autoritært, anglikansk England og udgjorde en protestantisk bibeltro, folkelig bevægelse. De mente sig omfattet af samme indgåede aftaler med deres Gud og skaber som det jødiske folk.

1600-tallets puritanere medbragte udover deres bibeltro, calvinske protestantisme, også markante forestillinger om tusindårsriget, som de tog til sig ved bogstavtro læsning af bibelens' Johannes' åbenbaring. I så henseende fulgte de ikke Calvin.

For ikke blot gjorde de da og sidenhen op med verdslige autoriteter, men også de åndelige stod for fald, og det ikke blot de anglikanske. Med tiden opstod der en hærskare af sekter indenfor eller udenfor rammerne af den protestantiske bevægelse som udtryk for, at "enhver var sin egen lykkes smed" eller den i deres nye land knæsatte religionsfrihed, der siden skulle blive en bestanddel af de universelle menneskerettigheder. Men mere om det senere.

Opkomsten af amerikansk Civil Religion

Den amerikanske civil religion kan vel ses som en logisk konsekvens af religionsfriheden, eftersom USA kvier sig ved at slippe religionen, men da de således op gennem 17-1800-tallet præsenteredes for en mangfoldighed af protestantiske versioner samt indvandring af katolikker, jøder og allehånde ikke-kristne religioner, så de sig nødsaget til - for at holde sammen på det hele - at fastholde en slags officiel religion under en eller anden form. Som en slags paraply over alle disse variationer. Det blev en udpræget amerikansk opfindelse. En slags overreligion til brug for den stat, som skulle rumme alle disse religiøse bevægelser og samtidig fastholde sine borgeres frie valg af religion.

Det betød, at man ikke kunne vælge en enkelt af de talrige bud, men måtte kreere noget nyt. Det betød også, at fokus måtte blive på religion som sådan og ikke på de foreliggende varianter af en skaber. Der måtte renses ud eller i det mindste tyndes ud i transcendensen.

Løsningen på problemet fik en logisk amerikansk udformning: Civil religionen - som lader transcendensen stå åben, eller i det højeste anonymt beboet. Den blev i sin tilknytning til amerikansk nationalisme, amerikansk exceptionalisme og manifest destiny en udpræget amerikansk løsning, på den der verserende mangfoldighed. Det blev en religion til officielt brug, en religion at gå i krig på - ifølge den amerikanske historiker Raymond Haberski Jr.[29]

På den bagrund, men også udsprunget af den modstand, den amerikanske protestantiske mission stødte på derude, først og fremmest i mødet med Islam, samt af de økumeniske bevægelsers enhedsbestræbelser, blev vejen banet for det, der i dag, betegnes som amerikansk Civil Religion, der må ses som en statslig konsekvens af den kirkelige mangfoldighed og en pendant til den af den kirkelige mangfoldighed afledte

---

29 Raymond Haberski Jr.: God and War. American Civil Religion Since 1945, Uniyed States 2012, s. 248-249

økumeniske bevægelse. Som først og fremmest har udmøntet sig i et samarbejde mellem de forskellige protestantiske trosretninger. Men de store katolske og jødiske mindretal har vist sig indforståede med indholdet i den amerikanske Civil Religion.[30]

Når der i den amerikanske forfatning er nedfældet en adskillelse mellem stat og kirke, betyder det, at USA ikke har nogen statskirke, men det betyder ikke, at den amerikanske stat er sekulær. Til dækning af dilemmaet med de mange forskellige kirkeretninger har der således på statsniveau udkrystalliseret sig en religion uden transcendens, en religion for statsadministrationen, en civil religion. Den er opstået som resultat og en blanding af amerikansk selvforståelse af at være et unikt forbillede for menneskeheden og den økumeniske protestantiske bevægelse, som især har manifesteret sig omkring oprettelsen af Folkeforbundet og FN samt Erklæringen om de Universelle Menneskerettigheder. Alt sammen et udtryk for et dennesidigt eller rettere ikke-transcendent verdenssyn med oprindelse i den kristne religion med dens universelle, intolerante og dermed globalt sigtende monoteisme.

Den gjorde det muligt at fastholde en statsreligion uden en specificeret skaber. Den var også hævet over borgernes frie valg af religion. Den var uløseligt knyttet til amerikanske værdier og dermed en grundsubstans i enhver amerikaner - uafhængigt af, hvad han eller hun ellers kunne finde på at tro på. Man havde dermed etableret en religiøs autoritet tæt knyttet til nationen og de vedtagne nationale særtræk. Dermed var den gjort rummelig

---

30 Will Herberg: Protestant, Catholic, Jew, 1960 (2. reviderede udgave)

og selvfølgelig for den religiøse mangfoldighed. Den lå på sin vis på et højere, inappellabelt niveau. Selv de forskellige guder var dermed rykket ned på et lavere plan som dominante for hver sin større eller mindre undergruppe.

Løsningen var på sin vis genial: Man fastholdt det exceptionelle i at være amerikaner og løftede det samtidig op på et om altså ikke transcendent så dog himmelhøjt og passende rummeligt niveau.

Med op fulgte nationens fædre, fra Washington til Lincoln. De fik sakral status og visse historiske mindedage blev gjort til nationale helligdage. Man fik sine martyrer på heltekirkegården i Arlington, faldet i kamp for Amerika og den tværamerikanske tro.

Der var ingen der savnede den nu fraværende Gud og skaber. Man flyttede lidt rundt på det hele og fik paradis gjort til et jordisk tusindårsrige befolket sluttelig af en ideelt set amerikaniseret menneskehed.

Men med op fulgte således også exceptionalismen samt manifest destiny og troen på at være the promised land og det nye Israel. At stråle ud over verden som "a city on a hill."

Med amerikansk civil religion og med de universelle menneskerettigheder er i dag den kristne Gud fortrængt efter at have haft denne sidste kraftige, glorværdige opblussen på den politiske arena med skabelse af Folkeforbundet, FN og de universelle menneskerettigheder. Den kristne Gud har således medvirket til skabelsen af kræfterne bag det aktuelle verdensbillede, men har også dermed tilsyneladende ophævet og overflødiggjort sig selv.

For De Forenede Stater, ligesom for Israel gælder det således, at de ikke er territorialt afgrænsede, men i åndelig henseende er verdensomspændende eller har globale intentioner.

Til forskel fra middelalderens "free spirits" er det dog i de to nævnte tilfælde ikke den enkelte, men det den enkelte overordnede begreb nationen eller den religiøst-etnisk definerede gruppe, dog som omtalt, i ganske omfattende forstand, der er bærere af identifikationen med Gud.

De Forenede Staters tro på sin globale mission

"Efterhånden forstår jeg Amerikas messianske bevidsthed som afledt af noget, der er større og ældre end liberal protestantisme....
Dets "redeemer myth" (Frelser myte) kommer fra en dybt rodfæstet evangelisk impuls, hvad enten teologisk liberal eller konservativ, om at genskabe Amerika og verden i lydighed mod et guddommeligt mandat. En aktivistisk kristelighed, skønt ofte sekulariseret og politiseret, har styret Amerikas reformistiske nidkærhed såvel hjemme som globalt i form af en jordisk "city on a hill".
(Richard M. Gamble: In Search of The City on a Hill, 2012, s.9)

Allerede med puritanernes ankomst til Amerika støder vi således på deres analogislutninger til jødernes historie og biblens eretz Israel. De havde forestillinger om en identitet og et skæbnefællesskab med jøderne. Puritanerne forstod sig selv som Guds nye pagtfolk, der havde indgået en pagt med Gud om at komme til deres nye land på samme vis, som jøderne af Gud blev lovet deres "eretz israel". De omtalte deres nye land, Amerika, som "det nye Israel" og så deres leder John Winthrop som en ny

Moses.[31] Sådan som han så sig selv.

Svend Lindhardt skriver følgende om puritanernes analogi-slutninger til jødernes historie: "De engelske puritanere (og de senere kristne Zionister) forstod forholdet mellem Biblens pagtslutninger og profetier på den måde, at Guds pagtslutninger med det jødiske folk, som var det egentlige retsgrundlag i forholdet mellem Gud og det jødiske folk. .-...var Gud bundet af ..og Gud kan derfor ikke lade eskatologiens begivenheder og dermed tidens afslutning finde sted, førend disse løfter til det jødiske folk, om at de skal genindsættes i Israel, først må indfries.

Også de mange puritanere, der efter 1630 var emigreret til New England kolonierne, delte denne forestilling om en fælles identitet og en art skæbnefællesskab mellem jøder og puritanere. De forstod sig selv som Guds nye pagt-folk, der på linje med det jødiske folk foretog en eksodus fra Faraos Egypten, dvs. England...."[32]

Victoria Clark omtaler den særlige Calvinske udvikling i England omkring puritanerne. med vægten lagt på Det Gamle Testamente og Guds løfter til jøderne - med hovedvægten på deres tilbagevenden til Israel. Jøderne får en dominant og central rolle i hele bibeltolkningen i opposition til den Anglikanske kirke og "papismen".

Siden skildrer hun udvandringen til Amerika først i 1600-tallet og den første tid der. Igen står sammenstillingen mellem puritanerne og jødernes Israel helt centralt i de gengivne citater af Winthrop og andre af de ledende figurer, herunder Cotton

---

31 Svend Lindhardt, s. 22
32 Svend Lindhardt, s.21-22

Mather og Increase Mather, far og søn, som arbejdede hårdt på, at fastholde og styrke håbet hos de nye immigranter i New England om Messias' genkomst, som forudsagt i Det Gamle Testamente og i Johannes' Åbenbaring i Det Nye Testamente. Også det fastholdt bindingen til de jødiske messias-forestillinger. Trods den helt fundamentale forskel på den kristne Jesus og den jødiske messias "af Davids hus og slægt."[33]

Der var dog også andre stemmer den gang, stemmer som undsagde Winthrop's visioner om a promised land, om et nyt Israel som "a city on a hill". Vi kunne lytte til Robert Cushman, hvis stemme er således gengivet hos den amerikanske historiker og politolog Richard M. Gamble i 2012: "Neither is there any land or possession now, like unto the possession which the Jews had in Canaan...now there is no land of that Sanctimony, no land so appropriated; none that can serve as a type for Christians; much less any that can be said to be given of God to any nation as was Canaan, which they and their seed must dwell in, till God sendeth upon them sword or captivity: but now we are in all places strangers and Pilgrims, travellers and sojourners, most properly, having no dwelling but in this earthern Tabernacle; our dwelling is but a wandering, and our abiding but as a fleeting, and in a word our home is nowhere, but in the heavens: in that house not made with hands, whose maker and builder is God, and to which all ascend that love the coming of our Lord Jesus."

Som Gamble kommenterer Cushmans udsagn: "I korthed: Der er intet jordisk helligt land... intet som deres evige hjem. Deres evige hjem er i himlen." Senere hen i samme tekst har

---

33 Victoria Clark: Allies for Armageddon, s. 27-50

Gamble følgende betragtninger over et dermed forbundet alternativt potentiale bag de Forenede Staters historiske udvikling: "Man kan spekulere over, hvad der ville have været Amerikas kurs, hvis noget tættere på Cusmans politiske teologi havde domineret den New England'ske sjæl i stedet for Winthropes søgen efter et jordisk udvalgt land for et udvalgt folk bundet til ordlyden i deres nationale pagt."[34]

Tankeeksperimentet er interessant. Det er dog Gamble's opfattelse, at hvor Biblens og Winthrope's brug af metaforen "a city on a hill" havde et manende, religiøst indhold, blev det først ind i det 20. århundrede brugt sekulært politisk af amerikanske præsidenter til udbygning af amerikansk exceptionalisme og amerikansk destiny. Det gælder først og fremmest Ronald Reagan, som gjorde den lysende by på bakketoppen til et sindbillede på USA og dets globale rolle

Manifest destiny
"..elementerne i den idé, jeg har kaldt "the reddemer nation" (frelsernationen): Udvalgt race, udvalgt nation, en utopisk-tusindårsrige-fremtid for menneskeheden; en vedvarende krig mellem det gode (fremskridtet) og det onde (reaktionen). i hvilken America vil spille stjernerollen som verdensfrelser - en sådan idé må utvivlsomt være religiøs i sin oprindelse----
Den har været tilstede helt fra begyndelsen...og den lever endnu i dag."
(Ernest Lee Tuveson: Redeemer Nation. 1980, s.VII-VIII)

Men det forpligter, at være det af Gud - eller Guderne - udvalgte folk, det "exceptionelle" - det enestående folk skabt til at være bærer af "manifest destiny" eller den særlige skæbne at være den

---

34 Richard M. Gamble: In Search of the City on a Hill. The Making and Unmaking of an American Myth. Great Britain 2012, s. 63-64

egentlige værner for menneskeheden mod den stadig opdukkende umenneskelige ondskab. Som den britiske filosof John Gray udtrykker det, at det er forkert at kalde en sådan opfattelse manikæisk, for tilhængerne af Mani "var dybe tænkere, som fastholdt, at ondskaben aldrig kunne udryddes. Forestillingen om at udrydde ondskaben er ikke mere manikæisk, end den er augustinsk. Det er et udtryk fra kristen postmillennialisme ... at skønhedspletterne kan viskes bort i en godhedens katastrofe."[35]

USA har på en måde ingen fjender - kun umennesker, som tænker grimt om eller endog tramper på menneskeheden og dens universelle rettigheder, hvis det er lykkedes dem at komme så vidt trods en kraftig udbygget overvågning og forebyggende indsats, hvor ikke et blad falder u-observeret til jorden. De krige, som USA engagerer sig i og for fremtiden vil iværksætte, vil ikke være rettet mod nationer eller stater, men mod ondskaben i form af regimer, som undertrykker eller lader hånt om deres egen befolknings menneskerettigheder.

Fælles for Israel og De Forenede Stater er det - ofte vanskeligt håndterbare forhold - at de, ligesom "the free spirits" - ikke kan synde. I det mindste ikke i den forstand, at de kan erklæres skyldige i synd ved nogen jordisk domstol af fremmed nationalitet. På en måde er det dog heller ikke noget nyt og enestående for dem. Det var dog gennem århundreder sådan derude i det fremmede, at de europæere, som dér var beskæftiget med seriøse sysler på højt niveau, det være sig af ledelsesmæssig, militær eller økonomisk art, eller deres lavere placerede landsmænd, ikke kunne dømmes for umoralsk vandel ved nogen

---

35 John Gray: Black Mass. Apocalyptic Religion and the Death of Utopia. Great Britain 2007, s. 34

indfødt domstol, men enten blev stillet for en dømmende, vel dog som regel frikendende, dommer i form af en landsmand ansat blandt andet til det formål som "consul". Det gik under betegnelsen "capitulationer", men det bør pointeres, at det i den sammenhæng afgjort ikke var hvid mand, der havde kapituleret. Set i relation til disse indfødte af forskelligartet mere spraglet hudfarve kunne hvid mand ikke synde!

Det holdt længe med disse capitulationer. Til langt op i 1900-tallet - og det grundlæggende princip bag dem holdes i dag usvækket i hævd af De Forenede Stater. Medlemmer af det samfund kan ikke stilles for nogen jordisk dommer - i det mindste ingen af anden national observans.

Den amerikanske historie havde af uransagelige grunde overbevist toneangivende protestanter af de nu i USA forekommende utallige afskygninger af protestantismen og den succesrige tilpasning af såvel indvandrede katolikker og jøder om, at netop det amerikanske menneske havde så mange guddommelige (angelsaksiske) træk i sig, at det kunne vise vejen frem for den samlede menneskehed udstyret med såvel American exceptionalism som manifest destiny.

Det mest påfaldende ved Amerikas historie er dets vækst indenfor de hundrede år efter, at det havde gjort sig fri af England. Det er dog ikke umiddelbart indlysende, hvorfra nationen dermed skulle have fået den opfattelse at være særlig udvalgt af Gud til at realisere hans projekt med den samlede menneskehed. Ganske vist voksede USA sig stort ved at besejre såvel franskmænd, som spaniere, mexicanere og indianere, hvad der naturligvis kunne få nationen til at opfatte sig som velsignet med Guds forsyn. Det er da også muligt, At Gud holder med vinderne (måske i så henseende ikke helt ude af trit med Calvin). For anden grund er det vanskeligt at påvise vedrørende en transcendental begrundelse, i det mindste hvad angår det ædlere, etiske indhold bag indsatsen og sejrene.

Så kom borgerkrigen, der dels handlede om slaveriets ophævelse (også her var Amerika sent ude og langt fra nogen vejviser for menneskeheden). Dels handlede den, afledt deraf, om den truende opløsning i et Sydstats- og et Nordstats-Amerika. Det var i denne sidste sammenhæng, at Lincoln klogeligt formulerede sit syn på krigen mellem de to dele af nationen således at han fastslog menneskets uformuenhed både i nord og i syd set i relation til Guds uransagelige veje. Det var klogt, men næppe af så religiøst dybsindige dimensioner, som det siden blev ophøjet til i de Forenede Stater.

Men amerikansk exceptionalisme havde i sin dennesidighed og fravær af transcendentale relationer i øvrigt et udtalt behov for sine sakrale "founding fathers" (inklusive Lincoln) og for at samles om sine sakrale historiske stunder.

USA hævder således at handle på Guds vegne. Det forudsætter trods alt Guds tilstedeværelse. Endskønt han som anført i kapitel 2 glimrer ved sit fravær såvel i civil-religionen som i FNs menneskerets-konvention, som USA også fører i skjoldet, når det nødsages til at drage ud på sine militære straffeaktioner. Så vi må i al ydmyghed nøjes med den synliggjorte stedfortræder. Men må dog samtidig indse, at heller ikke der får vi syn for sagn.

USA optræder således i mangt og meget på Guds vegne. Det

er vel ikke altid, de finder det nødvendigt, at han er med, når de er ude i hans ærinde, et ærinde som bør være så dybt indprentet i enhver amerikaners bryst, at et overopsyn ikke skulle være nødigt. De mest dramatisk disponerede ser dog ondskaben tårne sig op til sådanne højder, at de tænker i apokalypse og tror ondskaben først endelig nedkæmpet af den genkomne Jesus i spidsen for de himmelske hærskarer.

Det kan være svært at orientere sig og have ganske klart for sig, om vi ser Gud selv eller blot hans stedfortræder. Død er han ganske bestemt ikke. Snarere ikke altid hjemme og på plads, hvor han burde være.

Menneskerettighederne endnu en gang

Igen var det lykkedes at skabe en ny religion, som man siden præsenterede verdens ledere for, og gjorde dem klart, at disse nye rettigheder havde deres undersåtter krav på. Man tildelte således regeringer, præsidenter og de få tilbageværende konger og kejsere en forpligtelse for de derude på gade og vej og i stuer og køkkener, til lands, til vands og i luften, så de fik opfyldt de krav, som generalforsamlingen i FN bestående af repræsentanter for alle disse overhoveder nu havde vedtaget var elementære og universelle.

På en måde blev det en slags civilreligion for hele menneskeheden. Fundet på - i det mindste i sin nye, globale udformning - i USA, hvor man havde etableret sig med civilreligionen som en solskærm eller paraply hen over mangfoldigheden af mere eller mindre traditionelle religioner.

Også de universelle menneskerettigheder var uden en højere, central skikkelse ovenover de mange oprakte hænder i

69

FNs generalforsamling. Der stod ingen Gud og skaber bag. Også de var løftet op over de forud eksisterende religioner. En af de rettigheder, som stod nedskrevet var, at hvert menneske nu kunne vælge frit mellem de foreliggende religioner subsidiært finde på sin egen. Den eneste religion, som herefter var in-appelabel var - - de universelle menneskerettigheder. Dem blev det siden strafbart at overtræde.

Men måske var det fordi, det slet ikke var nogen religion. Menneskerettighederne var ikke åbenbarede; de var udformet af mennesker uden mellemværende med nogen Gud eller tilsvarende transcendental instans. Således sekulariserede blev de rundt om indarbejdet i de nationale lovgivninger og fik en fremtrædende plads i i de Forenede Nationer og i dertil oprettede internationale domstole til overvågning af deres implementering og overholdelse på det lavere nationale niveau.

Hvis det ikke var en religion, så var det således blevet lov, (en lov som dog var global, en slags overlov hen over al national lovgivning, gældende for så vel hele menneskeheden som for hver især), og som sådan var der måske ikke noget påfaldende i, at det var strafbart at overtræde den. Netop det at menneske-rettighederne var uden en transcendental baggrund, at de ikke forudsatte en Gud, gjorde, med den i dem nedfældede religionsfrihed - at menneskerettighederne var absolutte og dermed inappelable.

Der har også været betragtninger over det i menneskerettighederne knæsatte autoritetsfri og suveræne menneske, som således har fået tildelt disse rettigheder af sin folkevalgte øvrigheds repræsentanter i FN. Om ikke staten, så dog FNs sammenslutning af stater. Men naturligvis: er der tale om en vedtagelse af en lov, så hører den, skønt altså på et højere, globalt plan hjemme i samme kategori som staternes øvrige jurisdiktion, som de indforståede staters indbyggere må respektere.

Problemet har været statssuveræniteten, som dog også er fastslået i FNs charter. Over den sætter FN således nu de universelle menneskerettigheder. Man kan således kun fastholde statssuverænitet, og medlemsskab af FN, hvis den pågældende stat overholder menneskerettighederne. Hvis ikke er FNs sikkerhedsråd nu kompetent, ja endog forpligtet, til at gribe ind. Det består som bekendt af USA + Frankrig, England og Rusland og Kina. Da det er dem, der er ansvarlige for, at de øvrige medlemsstater overholder menneskerettighederne, er de reelt ikke selv underkastet den samme supervision. Det har en væsentlig praktisk betydning, da det er tre af dets medlemmer, USA, England og Frankrig, der er hovedkræfterne i det forsvarssamarbejde NATO, som er eneste realistiske mulighed for at realisere den militære intervention efter R2P ("Responsibility to Protect"), der i yderste fald kan vise sig nødvendig mod en stat, der ifølge samme sikkerhedsråds skøn træder menneskerettighederne under fode.

Der er altså en afgørende forskel på statsøvrigheden og statsborgerne. Øvrigheden har pligter, hvor undersåtterne har rettigheder. Når man på demokratisk vis er blevet valgt til øvrighed kommer man i fokus og får projektørlyset rettet på sig.

Honorerer man de krav som FNs menneskerettighedskonvention
- yderligere opdramatiseret af R2P - kræver. Man er blevet
ansvarliggjort i vidtgående nyt omfang af sine undersåtter, som
må acceptere, at øvrigheden har fået ekspanderet sine
forpligtelser - men dermed også sine beføjelser. Den bærer
byrden af de forpligtelser, som vi dermed er lettede for. De skal
bane den vej, som vi skal færdes ad. De skal sørge for, at jeg får
opfyldt mine rettigheder til dit og dat. På sæt og vis en slags
storebror.

Indførelse:
En religiøst farvet negativ synsvinkel på menneskerettighederne:
At jo mere mennesket søger at tage sig selv til indtægt for det
gode, desto sikrere er det, at det farer vild i sine intentioner,
grundet de i den menneskelige habitus indbyggede mangelfulde
forudsætninger.
Guds veje er uransagelige og mennesket er et faldent væsen,

Synet på mennesket og dets indbyggede forudsætninger ville
således for såvel Augustin, som Kirkegård og Luther og Calvin
og Tideverv indbære en fundamental skepsis overfor det
realiserbare i de universelle menneskerettigheder. Og endog
indebære skepsis overfor motiverne bag deres lancering.
Et mere venligsindet menneskesyn - som udover hos Marx,
Engel og Lenin forekommer hos mange på den politiske
venstrefløj - ville møde samme erklæring med begejstring.
(Endskønt Sovjetunionen ikke stemte for den, men undlod at
stemme, da den i 1948 blev vedtaget af FNs generalforsamling).
Også atheister og humanister ville have stemt for.

Menneskesynet følger således til dels den politiske orientering. For den politiske venstrefløj er mennesket således et fuldkomment byggemateriale for det fremtidige idealsamfund. I den henseende befinder USA sig derude og gør dem selskab. For dele af den politiske højrefløj er de menneskelige ufuldkommenheder imidlertid så iøjnefaldende, at de udgør en udtalt hæmsko for samfundsvisionerne. For dem repræsenterer den førstnævnte gruppe ikke blot en naivitet, men også en til hykleri grænsende overfladiskhed, mens deres menneskesyn til gengæld set fra venstre er udtryk for en reaktionær, bagstræberisk grundholdning, en surmulende mangel på dynamik og vitalitet.

Imidlertid er de kræfter, som stod bag fremkomsten af erklæringen imidlertid ikke at anse for farvede af hverken kommunistisk eller ateistisk dominante opfattelser af den menneskelige habitus. Det var sammenslutningen af protestantiske religioner i USA. Protestantiske religioner, som endog kan føre deres oprindelse tilbage til de puritanere, der i 1600-tallet gik i land i Massachuseth og som var grebet af Calvinismen i deres opgør med den anglikanske kirke, Og Calvins lære rummede som bekendt langt fra noget lyst syn på mennesket og dets evne for det gode.

Nu er der dog en anselig afstand fra det tidlige 1600-tal og årstallet 1948 for vedtagelsen af bemeldte erklæring bragt til torvs af samme puritaneres efterfølgere. I disse forløbne århundreder havde der i USA også måske af taktiske grunde udviklet sig et langt lysere syn på mennesket, i det mindste det amerikanske, og dets potentialer hos disse puritanismens protestantiske efterkommere.

Kapitel 5

Israel og de kristne zionister

Religioner opstår af sekter og splittes atter i sekter, vender tilbage til deres oprindelse, før de går helt i opløsning. Ved kristendommens begyndelse stod de enkelte Kristus- og Mithra-kulte, ved dens ende står de groteske amerikanske sekter,....(Hermann Broch: Søvngængerne. Tredie roman, s. 249)

I oktober 2014 omtalte flere af de førende danske aviser i stor opsætning en appel udsendt af *World's Jewish Congress* og de to kristne organisationer *Empowered21 Global Council* og *International Christian Embassy in Jerusalem* i fællesskab.

Således kommenteret af morgenavisen Politikens mellemøstmedarbejder, Christoffer Emil Bruun: "Om kort tid vil vores statsminister og 119 andre overhoveder modtage en appel om at tale kraftigt imod forfølgelse og udvisning af kristne fra Mellemøsten.

Opråbet kom fra tre store religiøse organisationer: Den Jødiske Verdenskongres, der repræsenterer jøder uden for Israel, Den Internationale Kristne Ambassade i Jerusalem og det pinsemissionske netværk Empowered21. Når jøder og kristne går sammen om et fælles brev af den art, skulle det hænge sammen med en dyb bekymring for, at vi i det kristne Vesten lader de forfulgte kristne menigheder i stikken."[36]

To dage tidligere fremkom den samme appel - dækkende det meste af forsiden på Kristeligt Dagblad under overskriften "Jøder

---

36 Den 16. oktober 2014 ved Politikens debatredaktør Christoffer Emil Bruun.

og kristne i historisk appel mod kristenforfølgelse".

Det lyder jo som et prisværdigt fælles initiativ fra jødiske og kristne organisationer. Udsprunget af en fælles bekymring for kristne minoriteters skæbne i de muslimske lande. Nogle ville måske savne de palæstinensiske kristne bag initiativet. De udgjorde dog i sin tid op mod ti procent af den palæstinensiske befolkning, og med et tæt samarbejde med de palæstinensiske, islamiske arabiske organisationer, skulle de vel være de nærmeste til at deltage i en appel til kristenheden om at lægge pres på de omgivende islamiske stater om at tage bedre vare på deres kristne minoriteter. Til dem, der måtte tænke sådan, kan man blot pege på, at de palæstinensiske kristne ganske vist i gammel tid var et betydende mindretal, men at de i dag, af grunde, som det ikke her skulle være nødigt at åbenbare, er reduceret i antal til nu kun at udgøre knap en procent af den palæstinensiske befolkning i Israel. Desuden har de stået i et alt andet end venligsindet forhold til de to kristne organisationer, der har været med til at tegne sig for den omtalte appel.[37] Af grunde som jeg nedenfor skal søge at beskrive og uddybe nærmere.

Nærmere om stedet og tidspunktet for den udstedte appel
Stedet er Jerusalem, byen Israel gør krav på som landets og hele den jødiske befolknings hovedstad, mens de palæstinensiske arabere gør krav på Øst-Jerusalem rummende Tempelbjerget med

---

37 The most strident anti-Christian Zionist in Israel today are the Palestinian leaders of the older Protestant churches inJerusalem: the city's anglican and Lutheran bishops.: Den mest udtalte er den anglikanske biskop. **Victoria Clark: Allies for Armageddon.** The Rise of Christian Zionism. Great Britain 2007, s. 226

de islamiske helligdomme Klippemoskéen og Al Aqsa-moskéen, som hovedstad for deres territorium på Jordanflodens vestbred. Sådan som forholdene var, indtil Israel vandt krigen i 1967 og siden har besat det, som dog stadig, set fra internationalt, specielt amerikansk, hold, figurer som rammerne om en fremtidig palæstinensisk stat. Helt bortsat fra, at Jerusalem, grundet dens historiske tilknytning til tre verdensreligioner, i erklæringen fra FNs sikkerhedsråd fra 1947 blev erklæret som havende international status.

Efter 1967 er Tempelbjerget fortsat administreret af en jordansk "Waqf" - en islamisk form for fond til vedligeholdelse af islamiske hellige steder.

Tidspunktet er nok så væsentligt, også fordi det fastholder stedet: For appellen udspringer fra det, som fra gammel tid har været den jødiske tabernakel-fest eller "Sokkut" eller "Løvhyttefesten", der i året 2014 faldt mellem den 10. og den 15. oktober. Appellen er udstedt den 13. oktober i Jerusalem.

En af de anførte kristne organisationer, og nok den mest tungtvejende nemlig den Internationale Kristne Ambassade i Jerusalem (IKEJ), har imidlertid sit særlige forhold til denne rituelle jødiske højtidelighed. IKEJ har således gjort "Løvhytte-festen" til det årligt tilbagevendende samlings punkt for verdens kristne zionister. Heriblandt er pinsemissionærerne med blandt andet Empowered21 Global Council, der figurerer som den anden kristne organisation i appellen, den talstærkeste.

Appellen er således udfærdiget i Jerusalem midt under "Løvhyttefesten" = Tabernakel-festen = "Sokkut"; og som de kristne zionister, har gjort til deres eget samlingspunkt i

Jerusalem for nær og fjern.

Heri ligger meget af forklaringen på de uroligheder, som hvert år på den tid opstår omkring Tempelbjerget og de to muslimske templer.

Så tidspunktet og stedet for appellens affattelse var ikke tilfældigt.

De kristne organisationer bag appellen
Man kunne derefter se lidt nærmere på de organisationer, som står bag den anførte appel:
1. World Jewish Congress
2. Empowered21 Global Council og
3. International Christian Embassy in Jerusalem

Og i første omgang koncentrere opmærksomheden om de to kristne deltagere.

Men allerførst nogle betragtninger over selve appellens indhold: En opfordring til de 120 statsledere om i fællesskab at lægge et kraftigt diplomatisk pres på de pågældende muslimske nationer, som udsætter deres kristne mindretal for forfølgelse. Man bibringes et tydeligt indtryk af, og det bør de muslimske stater i Mellemøsten lægge sig på sinde, at, er der nogen, der står sammen i international politik, så er det jøder og kristne.

Jødiske og kristne organisationer går i fælles aktion til fordel for de forfulgte kristne i Mellemøsten. Bemærkelsesværdigt, at World Jewish Congress er medforfatter til en appel vedrørende kristne. Det drejer sig således om et "judeo-christent" initiativ, og modparten er det islamiske Mellemøsten. Også det er i pagt med en tendens i tiden, som man nok bør være opmærksom på.

Men en gennemgang af de kristne aktører bag appellen ser sådan ud:

A. *Empowered21 Global Council* er et initiativ udgået fra pinsebevægelsen (pinsemissionen), der er udgået fra og er en omfattende bevægelse i USA, og som er i hastig vækst på verdensplan. Empowered21 blev oprettet i 2008 med henblik på en ekstra indsats for åndelig - pinsemissionsk - oprustning i det 21de århundrede.

Pinsebevægelsen har, udover sit særlige forhold til pinsen og Helligånden, arvet sine apokalyptiske forestillinger fra blandt andet Daniels Bog i det Gamle Testamente og fra Johannes' Åbenbaring i Det Ny, at verdens ende vil indtræde efter oprettelsen af staten Israel, "eretz Israel", som en geografisk enhed med grænser svarende til dem, der er anført i biblen med tilbagekomsten af jøderne fra deres eksil, genrejsning af det jødiske tempel samt sluttelig det endelige opgør mellem Jesus og Antikrist. Alt i overensstemmelse med den nedenfor omtalte præmillennialisme. Man overlader derudover til sine medlemmer at blive individuelt grebet af den hellige ånd.

Pinsebevægelsen har tusindvis af selvstændige kirker spredt rundt om i verden (bevægelsen har ingen moderkirke). The Pentecostal Assemblies of Canada er en af de største og hastigst voksende sekter i Canada. Den grundlagde for år tilbage en kirke i Jerusalem. Den kaldtes oprindelig Jerusalem Christian Assembly, men er nu kendt under navnet the King of King's

Community Jerusalem. Det er den største evangeliske kirke i Israel og med den stærkeste kristen-zionistiske holdning. Den blev etableret efter invitation fra den israelske regering. Naturligvis var den også inviteret som gæst ved ICEJs løvhyttefest.

Pinsebevægelsen er, som sagt, en af de hurtigst voksende kristne religioner i verden med anslået 497 millioner proselytter. "Det er ikke passeret ubemærket i Israel, som ser bevægelsen som en betydningsfuld økonomisk og magtfuld politisk faktor.... Israel ser den som en veritabel guldmine."

"Pinsemissionen groede eksplosivt efter 2den verdenskrig... Mod slutningen af det tyvende århundrede var pinsemissionen og den karismatiske bevægelse[38] blevet dominerende blandt amerikanske evangeliske retninger og havde gjort et kraftigt indtog i den globale kristenhed, hvor deres tilhængere taltes i hundreder af millioner...".[39]

---

38 Pinsemissionen og den moderne karismatiske kristendom anses for at have sin begyndelse omkring 1906 med en vækkelse i Azusa street i Los Angelos, hvor en vækkelse med omfattende tungetale, opfattet som udtryk for en besættelse af den hellige ånd, fandt sted i stort omfang og over en længere periode omkring prædikener og religiøse ceremonier..
Den karismatiske Bevægelse udviklede sig efterhånden til at få stort set samme læregrundlag som pinsemissionen. I 1960erne begyndte præster i USA at rapportere, at de var blevet døbt i Den Hellige Ånd. Den bevægelse, som dermed startede blandt de etablerede kirker, er det som kaldes *karismatisk vækkelse*. I løbet av ganske kort tid fik bevægelsen stor opslutning på verdensplan, og Den katolske kirke blev berørt fra 1967. Man plejer at skelne mellem *pinsebevægelsen, trosbevægelsen* og *den karismatiske bevægelse*. Alle tre er karismatiske rørelser fordi de betoner åndsdåb eller åndsfylde og nådegaver.
39 George M. Marsden: Fundamentalism and American Culture. Oxford University Press 2006, s. 236

Når ICEJ holder sin årlige "løvhyttefest" - se ovenfor - er tilslutningen domineret af pinsemissionærer og karismatikere.

B: Således kommer vi naturligt til *ICEJ = International Christian Embassy in Jerusalem,* den anden kristne organisation bag appellen. Det drejer sig om en udløber eller afspaltning fra *kristne zionister,* hvis forhold til Israel har sin baggrund i *præmillennialismen* fortrinsvis den variant, der går under navnet *dispensationel præmillennialisme,*

Ordet og begrebet millennialisme stammer fra den sidste bog i Det Nye Testamente, Johannes Åbenbaring (på engelsk: The Book of Revelation). Millennium er den latinske betegnelse for "tusindårsriget". Det er en meget detaljeret og dramatisk åbenbaring, hvis indhold i korthed er, at først vil Jøderne vende tilbage til Palæstina i overensstemmelse med det jødiske folks pagtslutninger med Gud, som de fremgår af Det Gamle Testamente. Kort efter vil Satan eller Antikrist tage magten over jorden med sæde i Jerusalem. Han vil samle store tilhængerskarer, men hans regime, som vil vare i syv år, vil være despotisk og brutalt og går hos Darby under betegnelsen *The Tribulation.* Antikrist genopbygger det jødiske tempel, rejser inde i det en statue af sig selv og kræver tilbedelse og underkastelse. Mange, herunder de fleste jøder, vil tilslutte sig, men Antikrist vil komme i krig med grupperinger såvel i nord som i syd og øst, som dog sluttelig vil stå på hans side i det endelige opgør med de kristne. (I tidens løb har både Rusland, Folkeforbundet og FN for de kristne zionister repræsenteret Antikrist).

Efter de syv år indtræder Jesus' genkomst. Jesus samler

hærskarer af de sande kristne omkring sig og optager kampen med Antikrist, som bliver nedkæmpet i slaget ved Armageddon. Antikrists tilhængerskarer bliver udslettet og selv bliver han bastet og bundet kastet i et fangehul. Derefter indtræder tusindårsriget - en verdens-omspændende tilstand af fred og harmoni med Jesus som fyrste, Efter de tusind år slipper Antikrist fri fra sit fangehul, men bliver efter en kort kamp endelig tilintetgjort, og verden er så fremme ved gudsriget.

Det her skildrede er *premillennialismen*, den ene af to varianter af millennialismen, der i perioder i middelalderens bondeoprør var toneangivende. Og som med puritanerne og senere hen i USA' religions- historie har spillet en dominerende rolle, ikke mindst i det sidste halve århundrede (se nedenfor under dispensationel præmillennialisme).

Den anden variant er *postmillennialismen*, i følge hvilken samfundene udvikler sig under Jesus Christi påvirkning og åndelige medvirken op igennem et tusindårsrige, hvor det gode sluttelig har afviklet ondskaben og har gjort jorderiget klar til Jesus' fysiske genkomst ved tusindårsrigets afslutning som bebuder af gudsriget. Postmillennialismen blev fremherskende under og efter USA's første vækkelse i første halvdel af 1700-tallet og igen i perioder i 1800-tallet og første del af det 20. århundrede.

Johannes Åbenbaring blev og bliver ikke taget bogstavelig af den katolske kirke eller af Luther eller Calvin. De opfatter dens indhold som billedlig tale.

Dispensational millennialisme blev stiftet i England af briten John Nelson Darby omkring midten af 1800-tallet. Den er en videreudvikling af premillennialismen og har sit navn dels efter forestillinger om tusindårsriget i Johannes Åbenbaring i Det Nye Testamente dels fra andre bibelsteder fortrinsvis i Det Gamle Testamente med en pointering af *Biblens syv dispensationer,* byggende på de pagter, som Gud indgik med det jødiske folk, sidenhen tolket af kristenheden som pagter med den kristne kirke. En dispensation ophørte når menneskets synd og skyld havde nået et sådant omfang, at pagten måtte anses for brudt. Gud og det jødiske folk indgik så en ny pagt - en dispensation. Nelson Darby fastholdt, at i henhold til biblens profetier, som de fremgår af den 4. og 5. dispensation eller pagt, der vedrørte det jødiske folk - udstedt til Adam og Noah, Abraham og Moses - skulle det jødiske folk inden tidens ende vende tilbage til Israel. Væsentligst i så henseende var pagten med Abraham. Det nye, i forhold til de øvrige engelske kristne zionister var, at Nelson Darby fastholdt, at det var Guds hensigt, at jøderne *uden forudgående konvertering til kristendommen* skulle (gen-)bosætte sig i Israel. Antikrist skulle genopføre det jødiske tempel i Jerusalem, genoprette templets offerkult samt overholde den jødiske lov. Der var dog en mindre gruppe jøder, der modsatte sig Antikrist, og som efter svære lidelser ville få deres belønning ved Jesus' genkomst og efter deres konvertering til kristendommen. Efter slaget mellem Jesus' og Antikrists skarer af tilhængere på Armageddon og Jesus' sluttelige besejring af Antikrist, vil Jesus herske over verden i tusinde år. Det er den syvende dispensation.

Men i den 6. dispensation havde Gud indgået en evigtgyldig pagt med den "hedningekristne" kirkes kristne helgener - disse sandt troende skulle indgå i Tusindårsriget som Guds *himmelske folk* - De bliver midlertidigt bortrykket fra jorden ("the Rapture of the Righteous") for at blive befriet for de syv Antikrist-år - "the Tribulation". Ved Jesus' genkomst vender de tilbage som Jesus' kærnetropper. Der har dog været divergerende holdninger til visse elementer, herunder the Rapture, blandt de ledende medlemmer af den dispensationelle præmillennialisme.

Nelson Darby så i det jødiske folks hjemvenden til Palæstina mod slutningen af det 20. århundrede et bevis på, at Gud nu var trådt ind i historien, men som nævnt var Nelson Darby overbevist om, at de nu bosatte jøder i Palæstina for det store flertals vedkommende ville tilslutte sig Antikrist, og kun en mindre del ville modstå ham og derefter konvertere til kristendommen og blive frelst.

I England vandt den dispensationelle premillennialisme - i modsætning til post- og til dels præmillennialismen - aldrig rigtig genklang - modsat i USA, hvor den fik omfattende tilslutning som en bestanddel af adskillige af de protestantiske kirkeretninger.[40]

De oven anførte forskellige tilgange til tusindårsriget med de apokalyptiske som de i dag langt mest dominante, har spillet og spiller fortsat en fremtrædende rolle i amerikansk historie og i amerikansk udenrigspolitik - især i forholdet til Israel og Mellemøsten. Til trods herfor er kendskabet til disse amerikanske religiøse bevægelser på det nærmeste ringe - eller de er i hvert fald lidet omtalte - i Europa. På dansk foreligger der imidlertid en ganske grundig gennemgang af fænomenerne og deres

40 Svend Lindhardt: Kristen Zionisme. Mellem religion og politik, København 2007, s. 48-52

fremtrædende indflydelse på amerikansk mellemøstpolitik.
Udgivet i 2007 ved cand. mag. Svend Lindhardt. Men udover en
engageret omtale af Lacans og Slavoj Zizeks analyser af
fænomenet i en specialeopgave ved det teologiske fakultet i
Købdenhavn. af nuværende provst på Frederiksberg Kirsten
Jørgensen (venligst stillet til rådighed), finder disse overvejende
amerikanske "horisontale" tilgange til paradis på jord i form af
apokalyptiske forestillinger om Antikrist, Jesus genkomst og
etableringen af tusindårsriget, kun sparsom omtale.

Om oprettelsen af en kristen ambassade i Jerusalem
Baggrunden for oprettelsen i 1980 i USA af den kristne
ambassade i Israel var de kristne zionisters opfattelse af
Jerusalem som helt og fuldt Israels hovedstad. En opfattelse der
er i modstrid med den grundlæggende opfattelse i den øvrige
verden, at Jerusalem er delt således, at den vil fungere som
hovedstad såvel for Israel som Palæstina ved den af FN vedtagne
og siden projekterede to-stats løsning.
Derfor er de udenlandske ambassader i Israel - også USAs -
beliggende i Tel Aviv og ikke i Jerusalem. Oprettelsen af en
såkaldt "kristen ambassade i Jerusalem" er således ment som en
provokation overfor FN og specielt USAs regering fra de kristne
zionisters side, til fordel for zionisternes krav på Jerusalem som
hovedstad for den nye stat Israel.

Det frister at nævne, at der havde været en tidlig forgænger til
ICEJ i form af en Chicago- forretningsmand, som sammen med
sin kone i 1881 oprettede et kristent kollektiv i Jerusalem med
den særlige opgave der at afvente kristi genkomst og foretage

daglige skovture til Olivenbjerget i håbet om at være de første til a byde den genkomne Jesus på en forfriskning.[41]

I 1995 vedtog den amerikanske kongres efter pres fra kristne zionister "Jerusalem Embassy act", der krævede, at USAs ambassade skulle ligge i Jerusalem, men regeringen ville ikke ratificere beslutningen.

I 1999 rejste den republikanske senator Bob Dole med kongressens tilsagn krav om flytning af den amerikanske ambassade til Jerusalem - men præsident Clinton nægtede at ratificere.

ICEJ international har i dag etableret sig med kontorer i over 70 lande og med repræsentation i 140.

Kampen om tempelbjerget
De protestantiske fundamentalister har bl.a. gennem Den kristne ambassade i Jerusalem [oprettet i 1980 med den israelske regerings velsignelse] involveret sig i jøders og muslimers kamp om Tempelbjerget. De afviser, at Israel skal tilbagelevere noget som helst af de i 1967 erobrede områder. De støtter og støttes af Likud og de national-religiøse. Derudover støtter de aktivt ekstremistiske jødiske grupper som f.eks. Gush Emunin (de troendes blok) og The Temple Mount Faithful, der vil have fjernet Al -Aqsa moskeen og Klippemoskeen fra Tempelbjerget, så det tredje jødiske tempel kan blive opført der.

Uanset at protestantiske fundamentalister som Jerry Falwel, Pat Robertson og mange andre i realiteten har et modsætnings-

---

41 Victoria Clark: Allies for Armageddon. The Rise of Christian Zionism. Great Britain 2007, s.79

fuldt forhold til jødedommen, så forbereder de med støtte fra de nævnte rabiate kredse i Israel apokalypsens virkeliggørelse og dermed måske langt hen også Israels politiske ambitioner.[42]

En detaljeret gennemgang af ICEJs program og aktiviteter hos Svend Lindhardt, som gengivet i *addendum II.*

ICEJ og de kristne zionister afvises imidlertid af de ultra-ortodokse jøder, grundet det utvivlsomme, skønt ofte slørede - grundsyn på jøderne, som stort set hørende til blandt Antikrists tilhængere og derfor i den sidste ende dømt til omvendelse eller undergang.

For de sekulære jøder, som for størstepartens vedkommende er identiske med Israels politiske ledelse, er disse ICEJs grundlæggende religiøse dogmer imidlertid uvæsentlige i forhold til den massive opbakning bag zionismen, som ICEJs øvrige programpunkter frembyder. Ikke mindst den indflydelse de udøver på amerikansk udenrigspolitik i forholdet til Israel.

Dette var således en nødtørftig karakteristik af de i appellen til 120 af verdens statsledere implicerede kristne organisationer, som var initiativtagere sammen med den jødiske verdenskongres. Samt en redegørelse for at tidspunktet for appellens udstedelse ikke var uden sammenhæng med ICEJs årlige sammenkomst ved den jødiske Tabernakelfest i september-oktober.

Lidt mere om den jødiske reaktion på ICEJ
Efterfølgende en redegørelse for baggrunden for disse kristne

---

42 samme sted, s. 147

organisationers store popularitet blandt sekulære zionister, som likudpartiet og dets ministerpræsidenter fra Menachem Begin over Ariel Sharon til Netanyahu. Og deres modsætningsforhold til specielt de ultraortodokse jøder.

Baggrunden for den sekulære zionismes opbakning af de kristne zionister

Når de kristne zionister er populære hos især de sekulære jøder og deres i Israel dominerende politiske repræsentation (Zionismen er i sin grundholdning sekulær) skyldes det ganske utvivlsomt, den indflydelse disse politiske ledere tillægger de kristne zionister på amerikansk udenrigspolitik. En indflydelse der ikke er grund til at tro, at de fejlvurderer. Netanyahus nylige forbigåelse af præsident Obama fra det demokratiske parti til fordel for den republikansk dominerede kongres var en gentagelse af hans markerede forbigåelse af demokraten præsident Clinton ved hans første optræden i Washington som Israelsk statsleder i 1999. En optræden som kunne tolkes som en Israelsk opfattelse af, hvor den vælgermæssige prozionistiske opbakning bag de to amerikanske partier befinder sig. En opfattelse som det republikanske parti synes at dele i og med, at Netanyahu's optræden og hans forbigåelse af præsident Obama skete efter de republikanske lederes særlige invitation udenom præsidenten til Netanyahu om at optræde i kongressen.

Den jødiske modstand mod ICEJ

Efter denne skildring af baggrunden for de to kristelige organisationer, der er initiativtagere til Appellen, kunne man vende tilbage til dette ICEJs stormøde oveni og sammen med den jødiske tabernakel-fest, og se lidt nærmere på jødiske religiøse reaktioner mod ICEJs aktiviteter, reaktioner som adskiller sig markant fra de omtalte åbne arme fra israelsk politisk hold. Således følgende fra Jerusalems ledende rabbinere og fra den israelske avis *Jewish Israel*:

"I en tilsyneladende fejltolkning af Zacharias' profetier [i Det Gamle Testamente] har skarer af pilgrimme og præsteskaber samlet sig i Jerusalem for - på deres egen måde - at fejre den jødiske Tabernakel-fest (Sukkot).

Israel's Chief Rabbinat har udstedt et forbud mod jødisk deltagelse i en vågenat i bøn som skal afholdes førstkommende onsdag af den Internationale Kristne Ambassade i Jerusalem (ICEJ), Vågenatten er planlagt at finde sted ved Tempelbjerget sydlige mur ved Hulda porten. De ledende Rabbinere David Lau og Yitzchak Yosef ikke blot bekræfter det jødiske lovhjemlede forbud mod fællesbøn mellem trosretninger, men noterede sig også med beklagelse det evangeliske budskab i ICEJs planlagte vågenat.

"Jødisk Israel" beretter desuden, at skønt ICEJ ikke har nogen fælles-konfessionel vågenat i bøn på sit program for dets officielle Tabernakelfest for i år, så proklamerer organisationen dog en "Israeli Guest Night" til på Tirsdag. Organisationen opfordrer specielt sine gæster til at "invitere så mange israelere de kan opspore med som deltagere".

"Mina Fenton, et tidligere medlem af Jerusalems byråd, som længe har engageret sig i anti-evangeliske initiativer, udstedte en erklæring med kritik af Israels minister for religiøse anliggender for delvis at have finansieret begivenheden. Hun hæfter sig med vrede ved, at hændelsen er planlagt at skulle afholdes på et sted, som er helligt for jøder - op mod Tempelbjerget - og på en dag som er en jødisk helligdag: Hoshana Rabba, den syvende dag i Sukkot samt "Simchat Tora aften".

Temaet for ICEJ missionen i år er genetableringen [the Restoration] refererende til genkomsten og styrkelsen af kirken og dens messias.

"Rabinerne og de politiske ledere står overfor en formidabel udfordring" skriver *Jewish Israel*. "Vil de være i stand til at indtage et klogt og fast standpunkt med grundlag i Thora'en, og fastholde den sacrale og politiske integritet af landet Israel uden at støde besøgende af andre trosretninger fra sig?"

Som svar på kritikken svarer lederne af ICEJ, at vågenatten i bøn "kun er for pilgrimme" - og at det på ingen måde er et fælles confessionelt arrangement.
(Det var vist et svar i øst mod en påstand i vest: Det var ikke vågenatten onsdag, der henvistes til fra rabbinernes side, men en "Israeli Guest Night" om tirsdagen).

Uroligheder under "Løvhytte-festen"
Der opstod sammenstød mellem palæstinensere og israelere efter de israelske myndigheder den 15. oktober havde forbudt adgang til de islamiske moskéer for palæstinensere under 50 år.

Hamas' leder Meshaal reagerede mod det, han opfattede, som en israelsk trussel mod Islams to hellige moskéer. Khaled Mershaal udtalte den 16. october fra sin bopæl i Doha i Qatar i et interview med Reuter: "Vi kalder på alle vors folk i Palæstina til

forsvar for vores helligdomme og beder dem skynde sig til al-Aqsa moskéen." "Vi opfordrer den palæstinensiske nation til at vise vrede og sende en besked i smertelig vrede til verden, at det palæstinensiske folk, den arabiske og muslimske nation ikke blot ser i tavshed på den israelske forbrydelse". Meershaal sagde videre "Ingen ønsker krig, men det er vores ret at forsvare og fastholde vores rettigheder. Vi lever under en besættelse...Vi har gjort modstand i hundrede år og vi vil fortsætte. Al-Aqsa er vores martyrium værd, og enhver i regionen som er våbenfør skal gå at forsvare den, såsom det er den sande mening med jihad."
.

Den palæstinensiske befolkning frygtede øjensynligt, at Israelerne ville begrænse adgangen til moskéen for alle muslimer. Det udløste den seneste i en række sammenstød med det israelske politi på stedet, hvorunder flere palæstinensere blev dræbt.

Israels premierminister Benjamin Netanyahu afviste alle beskyldninger og lagde skylden for urolighederne på "extremister". "Jeg er pligtig og Israel er forpligtet til at opretholde status quo præcis sådan som de har været i mange årtier," sagde han mandagen efter. "Hvad vi ser er det palæstinensiske extremister, som provokerer og tilskynder til vold. Tilskyndelsen spredes gennem falske og grundløse rygter om, at vi truer de muslimske hellige steder. Intet kunne være fjernere fra sandheden".

Netanyahu sagde, at Israel ville fortsætte med omhyggeligt af fastholde beskyttelsen af de hellige steder og retten til for alle religioner at bede de pågældende steder.

I henhold til Meshaals forestillingsverden, forsøger Israel imidlertid at udnytte den lokale uro til at overtage (og nedlægge) Moskéerne.

Denne skildring ved Reuter's bureau af de uroligheder, der udspillede sig omkring tempelpladsen under Sokkut-festlighederne, har haft alle de mere eller mindre pinsemissionske kristne zionister, der deltog i ICEJ's arrangementer som engagerede tilskuere. Det fremgår ikke, at de har været direkte involveret i voldelighederne, men blandt de i Jerusalem tilstedeværende var, udover dem, de to mindre jødisk ultraortodokse organisationer *The Temple Mount Faithful* og *Gush Emunin* (de troendes blok), der ligesom ICEJ på deres program, i modsætning til den officielle israelske politik, havde genopbyggelsen af et jødisk tempel efter bortrydning af de to muslimske moskéer.

De kristne zionisters forhold til palæstinenserne
Kristnes støtte til genopbygningen af det jødiske tempel er uvægerligt forbundet med de politiske krav om eksklusivt jødisk herredømme over ikke blot tempelbjerget og Jerusalem, men også store dele af Mellemøsten. Hvad enten bevidst eller på anden vis er de kristne zionister medskyldige i den fortsatte form for apartheid såvel som den etniske udrensning af palæstinensere fra de i 1967 besatte områder.[43]

Såvel i spørgsmålet om den fuldstændige besiddelse af Tempelbjerget som hele Palæstina stod de kristne Zionister for de samme holdninger som de mest politisk radikale israelske grupperinger. Dermed udgør de også en permanent trussel mod

---

43 The Jewish Temple in Contemporary Christian Zionism
    Heaven on Earth : The Temple in Biblical Theology, ed. Desmond Alexander &
    Simon Gathercole (Paternoster 2004)

de palæstinensiske arabere og vel principielt også mod den nu stærkt reducerede del, der udgøres af deres trosfæller, de palæstinensiske kristne.

Så De Kristne Zionister kunne påregne massiv støtte fra visse religiøse jøders politiske grupperinger, men væsentligere var det, at de kunne påregne støtte af taktiske grunde fra de dominerende sekulære grupperinger som arbejderpartiet og- især - Likud.

Med disse betragtninger kunne tiden være inde til at se lidt nærmere på den jødiske part i den anførte appel:

The World Jewish Congress.
Ifølge organisationens hjemmeside er The World Jewish Congress den internationale organisation, som repræsenterer jødiske samfund og organisationer i 100 lande verden over. Den optræder på deres vegne i forhold til regeringer, parlamenter, internationale organisationer og andre trosretninger. Den repræsenterer størsteparten af det jødiske folk og er politisk uafhængig.

World Jewish Congress blev grundlagt i Geneve i 1936. Siden grundlæggelsen har organisationen - stadig ifølge egen hjemmeside - været i frontlinjen i kampen for jøders rettigheder og for jødiske samfunds rettigheder samt siden sin grundlæggelse været aktiv i utallige kampagner: arbejdet for erstatning til Holocaust-ofre og deres efterkommere, inklusive betaling af erstatning for overlast påført dem under nazi-regimet, værnet om mindet om Holocaust; opnået tilbagelevering eller kompensation for stjålet jødisk ejendom, og forhandlet aftaler med svejtsiske banker for indestående på såkaldte "sovende" konti; aktiv med demonstrationer for sovjetiske jøders ret til at emigrere til Israel, hvis de skulle ønske det, eller blive og være i stand til frit at kunne praktisere deres religion; afsløre, at den østrigske præsident og tidligere generalsekretær for FN Kurt Waldheim løj om sin fortid under krigen; bekæmpe antisemitisme og delegitimering af jøder samt til stadighed støtte op om Staten Israel og det israelske folk i dets kamp for at leve i fred med sine naboer.

Det er således en fremtrædende jødisk organisation oprettet af verdens jøder med henblik på varetagelse af jødiske interesser herunder specielt den israelske stat.

At disse interesser også varetages i et samarbejde med kristne zionister fremgår af nedenstående omtale af det i januar 2013 afholdte 7. årlige møde med betegnelsen "Night to honnour our Christian Allies". Møderne blev afholdt i samarbejde mellem World Jewish Congress og det i Knesset repræsenterede parti "The Knesset Allies Caucus." Denne sidstnævnte jødiske gruppering, KCAC, er en fler-parti sammenslutning, som på det tidspunkt bestod af 17 medlemmer af Knesset. Den var grundlagt i 2004 af den senere afdøde jødiske politiker Yuri Shtern. Sammen-slutningens væsentligste formål var at skabe direkte kommunikation mellem Knessets medlemmer og kristne ledere, organisationer og politiske repræsentanter i Israel og verden over.

Det officielle formål med disse møder var at hædre kristne, som havde ydet støtte og opbakning til Israel. Medlemmer af Knesset spændende over hele det politiske spektrum samt medlemmer af

93

den israelske regering vil mødes med såvel jøder som kristne til en reception på Hotel Kong David, hvor man vil hylde kristne, som har været trofaste og vedvarende i deres indsats for Israel.

De to af bestyrelsen udvalgte kristne det år, var den tyske præst, bosiddende i Israel, Petra Heldt, direktør for The Ecumenical Theological Research Fraternity in Israel, som arbejder for gensidig forståelse mellem kristne og jøder lokalt og internationalt. Det økumeniske står for katolske, ortodokse og protestantiske kirker. Den anden udvalgte var den apostoliske leder af The International Restoration Ministries i Brasilien, en organisation med forbindelse til de såkaldte "messianske jøder", og som søger at overtale jøder til at anerkende Jesus, Guds Søn som deres Messias (nærmere herom nedenfor). Hun hædres for at have bragt titusinder af kristne til Israel over det sidste tiår.

Borgmesteren for Jerusalem vil tale til de forsamlede kristne og jødiske ledere. Desuden vil formanden for KCAC (Christian Allied Caucus) i sin henvendelse til forsamlingen påpege betydningen af at udvikle de judeo-kristne forbindelser baseret på de to religioners henholdsvise værdier. Det samme vil to medlemmer af Knesset samt den administrerende direktør for KCAC og den administrative direktør Jürgen Bühler for The International Christian Embassy in Jerusalem (ICEJ). Også præsidenten for The All Nations Convocation ville tale til forsamlingen om vigtigheden af den judeo-kristne tilnærmelse. (The All Nations Convocation er yderligere en organisation stiftet i 1987 med det formål at udbygge samarbejdet mellem kristne og jøder, ved hvis arrangementer medlemmer af den israelske regering samt fremtrædende medlemmer af Knesset optræder som talere. Også den organisation har kontorer i mange lande og en ganske anselig tilhængerskare verden over).

Møderne bliver arrangeret af WJC-Israel - den lokale gren af World Jewish Congres.

Konklusion

Nu vil så de tre religiøse grupperinger - to med amerikansk udgangspunkt og en med jødisk - på deres henholdsvise guders vegne gennem denne appel til 120 statsledere (og øjensynlig med kopier til massemedierne) råbe vagt i gevær vedrørende den skæbne, som ifølge appellen overgår de kristne, religiøse mindretal i de islamiske nabolande til Israel. Det er de samme mindretal, som, indtil Vestens mangfoldige initiativer i Mellemøsten siden 1. verdenskrig, alt i alt havde levet med den islamiske øvrighed i fred og ro gennem mere end 1000 år, mens det kristne palæstinensiske mindretal i Israel i løbet af de sidste godt 50 år er decimeret fra godt ti til cirka en procent af befolkningen.

Det kunne forekomme som om den Gud, der skulle stå bag den fælles af appel fra de tre religiøse grupperinger, er en konstruktion til formålet.

Billedet: En gennemskuelig imitation af den kristne Gud Fader arm i arm med den israelske ministerpræsident og med deres frie arme rejst til en fælles udpegning af islamiske Allah, som ansvarlig for ukristelig adfærd.

Kapitel 6

Jesus' genkomst og de messianske jøder

Den jødiske messianisme

Kapitel 37 i Ezekiels Bog, som rummer hans profetier fra eksilet i Babylon:

Herrens kraft kom over mig, og hans Ånd førte mig ud i en dal fyldt med menneskeknogler. De var helt indtørrede, og Herren førte mig i en bue rundt om dem. Så spurgte han mig: "Kan de knogler blive til levende mennesker igen?" "Herre, det ved kun du," svarede jeg.

Da gav han mig ordre til at profetere direkte til knoglerne: "I tørre knogler, hør Herrens ord. Herren siger: Jeg vil ånde på jer og gøre jer levende igen. Jeg vil sætte kød og sener på jer og dække jer med hud, og jeg vil blæse min livsånde ind i jer. Da vil I indse, at jeg er Herren."

Jeg profeterede, som Herren havde befalet mig. Mens jeg profeterede, hørte jeg en raslende lyd, og jeg så, at knoglerne nærmede sig hinanden og blev til skeletter. Der voksede kød og sener frem på dem, og derefter blev de dækket af hud. Kroppene var dog stadig døde, der var ikke spor af liv i dem. Da befalede Herren mig at profetere og kalde på livsånden: "Herren siger: Du livsånd, kom fra de fire verdenshjørner og blæs på de her døde kroppe, så de bliver levende." Så profeterede jeg, som han havde befalet mig. Straks kom der livsånde i kroppene, og de blev levende og rejste sig op. De udgjorde en meget stor hær.

Derefter sagde Herren til mig: "Du menneske, de tørre knogler er et billede på Israels folk. De siger: 'Alt er håbløst. Vi ligger allerede i graven og er ikke andet end en bunke udtørrede knogler.' Profetér derfor til dem og sig: Mit folk, jeg vil lukke op for jeres grave og føre jer ud af dem og bringe jer hjem til Israels land. Når jeg gør det, vil I indse, at jeg er Herren. Jeg sender min Ånd ind i jer, så I får nyt liv og kan vende hjem til jeres eget land. Til den tid vil I erkende, at jeg er Herren, og at jeg har opfyldt mit løfte til jer."

.....

En, der er som min tjener David, skal være deres fælles konge og hyrde. Da skal de adlyde mine bud og gøre, hvad jeg befaler dem. De skal bo i det land, jeg gav min tjener Jakob, og hvor deres forfædre boede. Både de selv og alle kommende generationer efter dem skal bo i landet. Og en som min tjener David skal altid være deres fyrste. Jeg vil slutte en evig fredspagt med dem og gøre dem talrige. Min helligdom skal altid have plads midt iblandt dem. Ja, jeg vil bo midt iblandt dem. Jeg vil være deres Gud, og de skal være mit folk. Og fordi jeg altid er til stede iblandt mit folk, skal nationerne komme til erkendelse af, at jeg er Herren, og at jeg er den, som gør Israel til et helligt folk."

Den jødiske messias er således ingen guddom. Han er et almindeligt menneske "af Davids slægt", udpeget af Gud til at være jødernes fyrste ved deres tilbagevenden til Israel. Hans særkende er, at han er en efterkommer af kong David. Jesus som Guds søn var afvist af jøderne som deres messias.

Jesus genkomst er den centrale begivenhed i præmillen-nialisternes tolkning af biblens profetier. Det gælder ikke mindst for den dispensationelle præmillennialisme, som i sidste halvdel og ind i dette århundrede i forskellige afskygninger er blevet toneangivende blandt kristne zionister i USA. Men det er naturligvis også her striden står mellem religiøse jødiske grupperinger, eksempelvis de ultraortodokse og de kristne zionister. Om alt det andet, som præmillennialisterne præsenterer Israel for af profetier, er der kun håndslag og broderskabsfølelse: At jødernes tilbagevenden til et samlet Palæstina med grænser måske endog fra Egypten til Eufratfloden og fra Litanifloden i nord til Tiran-stræderne i syd. At Jerusalem skal være Israels hovedstad. At det jødiske tempel skal genrejses, og at ikke-jøder, i det mindste de islamiske arabere, skal forflyttes til Jordan. Alt som nødvendige led undervejs til den genkomne Jesus og hans endelige besejring af satan og oprettelsen af tusindårsriget - om alle disse profetier, bortset fra den genkomne Jesus, kunne der opnås endog hjertelig enighed. Endskønt man fra officiel jødisk side ikke gik ind for rejsningen af det 3. jødiske tempel på tempelbjerget, hvor man i så fald ville være nødsaget til at nedbryde de islamiske helligdomme Klippemoskéen og Al Aqsa-moskéen med, hvad det ville udløse af massive konflikter med muslimerne. Man gik vel heller ikke ind for en forflytning af den arabiske befolkning, sålænge man stadig forhandlede om en definitiv oprettelse af en palæstinensisk stat.

Men Jesus-figuren var og blev det til grund liggende modsætningsforhold mellem de to religioner.

Der gøres dog forsøg på at afvikle dette grundlæggende modsætningsforhold mellem jøder og kristne ved etableringen af de såkaldt *messianske jøder.*

Den messianske jødiske zionisme: I USA repræsenteret af organisationen Jews for Jesus (JFJ) blev dannet i 1973 af den konverterede jøde Moishe Rosen, der var baptistpræst.[44]

Sammenslutningen bygger på det forhold, at hver af de to trosretninger har deres forestillinger om en messias, som sluttelig skal komme, stille sig i spidsen for sit folk og oprette paradisiske forhold for hele menneskeheden. For jøderne var profetien, at messias ville være en efterkommer i kong Davids slægt, som ville lede det jødiske folk tilbage til "eretz Israel", mens det for de kristne var Jesus, Guds søn, som ville komme tilbage, gøre op

---

44 Svend Lindhardt: Kristen Zionisme. Mellem religion og politik. s. 93. En grundig og fyldestgørende orientering om udviklingen omkring JFJ kan læses i *Hammersmedens Blog* den 17/4 2015

med verdens ondskab og etablere tusindårsriget. Som nævnt godtog jødedommen ikke Jesus som deres messias, og kristenheden stod fra gammel tid i skarpt modsætningsforhold til jødedommen på grund af så vel denne sidstes afvisning af Jesus som Guds søn som dens rolle i korsfæstelsen af Jesus.

Men med de messianske jøder var det lykkedes at overtale enkelte jøder og jødiske rabbinere til at acceptere Jesus som deres messias mod til gengæld at bibeholde alt øvrigt jødisk ritual og religiøs sædvane. Disse såkaldte messianske jøder deler for flertallets vedkommende således også præmillennialisternes tro på Jesu genkomst.

Hermed var det lykkedes at skabe en judeo-kristen enhed, som en religiøs forankring af det nære politiske forhold mellem Israel og Vesten, først og fremmest USA. Der var dog skepsis i Israel, og Israels højesteret nægtede i første omgang (1989) at anerkende messianske jøder som jødiske statsborgere i og med, at de var konverteret til en anden religion. Senere (i 2008) har samme højesteret imidlertid frafaldet sin afvisning og accepteret messsianske jøders borgerret i Israel, hvis de opfylder lovens krav til jødiskhed.

Antallet af messianske jøder i USA er i dag over 100.000, men meget beskedent i selve Israel, hvor de møder stærk modstand fra de ortodokse jøder.

Om baggrunden for ordet og begrebet "judeo-kristen"
Det er øjensynligt, at der indenfor det sidste halve århundrede er sket en betydelig oprustning af samarbejdet mellem jødedom og

kristenhed. Et samarbejde som til tider har antaget karakter af en egentlig koordinering af de to trosretninger. Missionske jøder, Jews for Jesus, med oprindelse ca. 1970; den kristne ambassade i Jerusalem grundlagt i 1981, All Nations Convocation -Israel i 1987 og The Knesset Allied Caucus fra 2004. Alle med fastere eller løsere tilknytning til præmillennialismen - vel væsentligst i sin dispensationelle udformning. Såvel forestillingerne om tusindårsriget og Jesus' genkomst som fremvæksten af de oven anførte organisationer er i deres opkomst og stærke udvikling fænomener knyttet til De Forenede Stater.

Udtrykket "judeo-kristen" kan vel sporadisk følges længere tilbage, men får - også det - først sin markante tilstedeværelse i amerikansk religiøs selvforståelse i sidste halvdel af 1900-tallet, og derfra synes det nu at sprede sig til Europa - og til kristne og jødiske (men mest kristne) grupperinger verden over.

Som et eksempel på holdningen til Israel og Islam hos ledende amerikanske politikere dette citat fra senator Bob Dole fra 1980-erne: "Det amerikansk-israelske venskab er ikke nogen tilfældighed. Det er et produkt af fælles værdier. Vi har begge åbnet vore døre for de undertrykte. Vi har begge den passionerede kærlighed til frihed, og vi er begge gået i krig for at forsvare den ....den fælles fjende: de totalitære islamiske regimer som negationen af de jødisk-kristne værdier."[45]

Alt det ovenfor beskrevne om udviklingen af et varmt forhold mellem jødedom og kristendom er i sig selv uangribeligt, hvis det ikke var fordi, det bygges op mod en fjende. Nu er det ganske

---

45 Gengivet i Svend Lindhardt: Kristen Zionisme. Mellem religion og politik. 2007, s. 112

øjensynligt, at for de arabiske palæstinensere vil de fleste af de ovennævnte initiativer ikke rummes indenfor forbrødringen. Men det bliver også tiltagende åbenlyst, at et fjendtligt forhold til Islam som helhed medvirker som katalysator for den judeo-kristne forbrødring. Det er indtil videre først og fremmest i de kristne lande - Europa og USA - ,at udviklingen fra antisemitisme til Islamofobi har taget fart de sidste årtier. I det overvejende sekulære Europa i takt med det store omfang af islamiske flygtninge og immigranter i samme periode. I USA tilsyneladende med baggrund i den indflydelse religiøse bevægelser som dispensationel millennialisme har fået for forholdet til Israel og Mellemøsten i tiden efter 2. verdenskrig og særlig mod slutningen af det 20. århundrede.

I Vesten har udviklingen hen imod Islamofobi antaget karakter af en ond cirkel især indenfor det sidste årti. I ytringsfrihedens navn har især europæiske massemedier og kunstnere følt sig provokeret af et islamisk forsøg på at tabuisere deres religion til, som en provokation, at "håne og latterliggøre" muhammed og islam. En udfordring som har ført til vold og drab på provokatørerne og derved foranlediget en yderligere islamofobi, der synes at blive mødt med mere hån, som antagelig igen vil udløse mere vold fra islamisk side. At det sker samtidig med voldsomme opgør i Mellemøsten, hvor Vesten, og her med USA som toneangivende, tydeligere og tydeligere indtager en islamisk-fjendtlig holdning (Egypten, Syrien og Irak, Yemen, Afghanistan), støttet af de dominerende vestlige massemedier i et uigennemskueligt samspil med Israel, gør ikke spændingen mellem Islam og de vestlige lande mindre.

101

En af de mest fremtrædende kristne zionister, Hal Lindsey, skriver i en af sine bøger om Islam: "Denne bevægelse prøver ikke alene at ødelægge staten Israel, men også at omstyrte hele den jødisk-kristne kultur - selve den vestlige civilisations grundlag."[46]

En anden ledende kristen Zionist, Pat Robertson, skildrer i 2002 Islam som en voldelig religion, hvis mål var verdensherre-dømmet "..de kommer sandsynligvis hertil [USA] som missionærer for at udbrede Islam...Islam er ikke en fredelig religion - så afgjort ikke. Og Koranen gør det meget klart, at hvis du ser en vantro, så skal du slå ham ihjel...Sagen er, at vores immigrationspolitik er nu så skæv-vredet til fordel for Mellemøsten og bort fra Europa, at vi har bosat disse mennesker midt iblandt os, og der er uden tvivl masser af terrorceller i blandt dem."

Den meget marginale avis Nationaldemokraten har den 16. september 2013 følgende ganske oplysende artikel. Efter en grundig gennemgang af udviklingen i USA skriver avisen: "Herhjemme i Danmark er det især folk såsom Trykkefriheds-selskabet, der bidrager til at opretholde tankegangen om den vestlige civilisation bygget op omkring jødisk-kristne værdier og en judeo-kristen historisk kulturarv. Lars Hedegaard konverterede til jødedommen allerede i 1969 ved ægteskab med en jødinde og antog det hebræiske navn Avram Noah ben Avram.... Han og de andre fra Trykkefrihedsselskabet har især stået for udbredelsen af løgnen om Europas værdier og historier

---

46 Svend Lindhardt: Kristen Zionisme. Mellem religion og politik. 2007, s. 114

fælles med jødedommen, der således er blevet spredt til hele det etablerede spektrum af debattører. I Holland er det især Geert Wilders med partiet PVV, der har stået for infiltreringen."

Der er i Vesten en overbevisning om et tilbagestående Islam modsat dets egen succesrige udvikling baseret på den liberalistiske tilværelsesopfattelse med demokrati og frihed herunder det frie marked som de bærende værdier. I Europa præget af sekularisering og en tiltagende intellektuel afmatning og værdiopløsning, men fortsat i stand til at tegne et billede af velstand og velfærd, som kan virke tillokkende ikke mindst på flygtningene fra de lande i Mellemøsten og Afrika, hvor Europa i samarbejde med USA har forsøgt at bane vejen for en moderne samfundsudvikling. En indsats som er blevet præget af apokalypse-tænkning og Milton Friedmans shock-doktrin. Stadig med vestlige visioner om en udmunding i et tusindårsrige eller i det mindste en samfundsudvikling efter vestligt forbillede.

Det er Islam som har vist sig mest modstandsdygtig mod vestlig kulturelt hegemoni. En modstandsdygtighed som er blevet accentueret, men også gjort tvetydig, af en omfattende vestlig infiltration siden begyndelsen af 1800-tallet og især fra begyndelsen af det 20. århundrede. I 1800-tallet domineret af missionsvirksomheden, som i Mellemøsten fik en særpræget udvikling dels på grund af muslimsk resistens mod konvertering, dels på grund af de lettere tilgængelige overlevende kristne mindretal fra den byzantinske tid. Op i 1900-tallet i tiltagende grad præget af den vestlige opdagelse af den mellemøstlige olie, som fik en ganske afgørende indflydelse på udviklingen i Vesten, og det teknisk-økonomiske forspring Vesten etablerede fra 1. verdenskrig og frem til i dag. En udvikling der har bidraget til den vestlige sekularisering og en især amerikansk sekulært baseret religiøs tro på at have en global mission, som dermed har givet konfrontationen med Islam en karakter af et moderne korstog. Mellem modernisme og fremskridtstro (ikke uden sammenhæng med den mellemøstlige olies betydning for USAs og Europas industrielle udvikling) og islamisk religiøs og traditionsbestemt livsform.

Ind i alt dette er vævet staten Israel, som i 1948 blev etableret som et vestligt brohoved (sådan har den tidligt opfattet sig selv) i Mellemøsten. Den blev på en ejendommelig måde viklet ind i specielt amerikanske og engelske religiøse forestillinger baseret på kristen zionisme. De engelske førte frem til Balfourdeklarationen af anden november 1917 med dens løfte om et jødisk nationalt hjem i Israel, hvis ententemagterne vandt krigen mod osmannerne. De amerikanske, som var af en lidt anden art, men dog med angelsaksiske rødder, har siden 2den verdenskrig været en magtfuld garant for staten Israels fortsatte eksistens.

Den kristne zionismes indflydelse på amerikansk udenrigspolitik
Det kan naturligvis være svært at få et pålideligt indtryk af, hvor stærk en indflydelse disse kristne prozionistiske bevægelser har på amerikansk udenrigspolitik, men få er vel i tvivl om, at de både som vælgermasse og ved deres intense lobbyvirksomhed øver en påvirkning på USAs politik overfor Israel.
    Den britiske teolog Stephen Sizer hævder, at "Christian

Zionism has profound political consequences" og anfører seks veje ad hvilke den kristne Zionisme er blevet omsat i politisk handling: Ved at lette jødisk emigration. Ved at støtte oprettelsen af jødiske bosættelses programmer på Vestbredden. Ved lobbyvirksomhed for anerkendelsen af Jerusalem som Israels hovedstad. Ved økonomisk støtte til genopførelse af det jødiske tempel. Ved at modarbejde fredsprocessen. Ved at forværre forholdet til den arabiske verden."[47]

Den australske journalist Victoria Clark, som har udgivet et omfattende og grundigt værk om den kristen zionisme har følgende betragtninger: "If the rest of the world can afford to ignore the American Religious Rigth's domestic stances on abortion, creationism, stem cell research and gay marriage, it urgently needs to understand Christian Zionism - the guiding principle of its foreign policy in the Middle East."[48]

Den amerikanske historiker George M. Marsden som har udgivet flere bøger om dispensatorisk millennialisme og amerikansk religiøs fundamentalisme skriver: "....fundamentalistic American Protestant militancy... often strongly supports literal warfare on the part of the nation...in foreign policy they often seem uncritical of American nationalism and treat the United States as though it were unquestionably on God's side in warfare against the forces of evil..... fundamentalist evangelicals are more likely to advocate state-sponsored warfare than are other Americans."[49]

47 Stephen Sizer: Christian Zionism. Roadmap to Armageddon? Inter Varsity Press, USA, 2004, s. 206
48 Victoria Clark: Allies for Armageddon. The Rise of Christian Zionism. Great Britain 2007, s. 5.
49 George M. Marsden: Fundamentalism and American Culture. Oxford University Press 2006, s. 251

105

Og sluttelig den engelske filosof John Gray, som skriver, at "Hvor Amerika adskiller sig fra andre nationer er i den stadig levende messianske overbevisning, og i det omfang med hvilken den fortsat skaber den folkelige kultur." Gray finder dog, at det først var med George Bush junior, at "religionen begyndte at bevæge sig ind i hjertet af amerikansk politik, og først efter 9/11 at det påvirkede politik over en bred front."[50] Andetsteds skriver Gray, at "American exceptionalism er et religiøst fænomen. Fra tiden for de første kolonister fra England gik i land, til tiden da landet vandt sin uafhængighed, så Amerika sig selv gennem religionens linser. Både postmillennialismen, som så frem til en verden ændret tildels ved menneskets egen kraft og premillennialismens forestillinger om voldsomme konflikter, bidrog til at forme den måde amerikanerne tolkede deres historie og deres syn på fremtiden...resultatet var amerikaniseringen af en apokalyptisk myte ."[51]

Og Gray fortsætter: "Ved at støtte den jødiske stats territoriale krav i lyset af det løfte Gud ifølge Det Gamle Testamente gav Abraham, hjælper og understøtter de kristne zionister aktiviteter fra stærkt motiverede minoriteter af religiøse højre-fløjs jøder i både Israel og Amerika, som modsætter sig oprettelsen af en palæstinensisk stat og dermed alle fredsplaner. På den måde og via de amerikanske stemmeurner bærer de kristne zionister ved til det bål, som ligger i hjertet af den muslimske verdens klagepunkter mod Vesten og også i hjertet, vil mange sige, af

50 John Gray: Black Mass. Apocalyptic Religion and the Death of Utopia. Penguin Book, Great Britain, 2007, s. 114
51 Samme sted, s. 112.

Vestens stadige kamp imod islamisk fundamentalisme."

I deres meget grundige belysning af de kræfter, som søger at påvirke amerikansk Israel-politik, finder de to fremtrædende amerikanske historikere John Mearsheimer og Stephen Walt dog, at "the influence of the Christian Zionists should not be overstated" og mener, at de "exert less impact on U.S. Middle East policy than the other parts of the Israel lobby". Herunder AIPAC og ADL.[52] Blandt andet fordi de, i modsætning til dem, ikke fokuserer énsidigt på Israel og fordi de, også i modsætning til dem, råder over begrænset kapital.

Den jødiske lobby i USA
Måske er det således nok så væsentligt at se på den jødiske lobbyvirksomhed bag den amerikanske udenrigspolitik. Eller måske rettere de forenede anstrengelser fra amerikansk jødisk side i forening med de kristne zionister på at holde USA's mellemøstpolitik indenfor rammerne af de israelsk-zionistiske visioner. Om omfanget af den amerikanske jødiske lobbys indflydelse på den amerikanske udenrigspolitik er Mearsheimer og Walt ikke i tvivl.

Det samme gælder Richard Curtis, tidligere ansat i det amerikanske udenrigsministerium, som dokumenterer det overvældende omfang af jødiske organisationers finansiering af amerikanske kongresmedlemmers valgkamp.[53] Og så sent som i 2014 har den amerikanske journalist Alison Weir skrevet om den

---

52 John L. Mearsheimer and Stephen M. Walt: The Israel Lobby and U.S. Foreign Policy. United States 2007, p. 138
53 Richard H. Curtis: Stealth PACs: Lobbying Congress for Control of U.S. Middle East Policy. American Educational Trust. United States 1991

tætte forbindelse mellem de Forenede Stater og Israel fra tiden op til 1. verdenskrig, med dens hastigt tiltagende omfang efter 1945.[54]

Som nævnt ovenfor er der stærke kræfter i gang for at forene jødedom og kristenhed i en fælles konfrontation mod det, der omtales som fundamentalistisk islamisme. Med en tiltagende omtale, specielt i USA af de "fælles judeo-kristne værdier" og det stigende omfang, væsentligst i USA, af "messianske jøder", som accepterer Jesus' (under navnet "Yeshua") genkomst som deres messias.

Alliancen mellem World Jewish Congress og de to organisationer af kristne zionister rettet mod de islamiske regeringer i mellemøsten er således i tråd med en aktuel trend eller strategi. Og det ikke blot i USA, men over hele det vestlige spektrum.

Den historiske baggrund for den tætte relation mellem USA og Israel

Reformatorerne løste som den katolske kirke problemet med profetiernes manglende reference til kirken og de kristne ved en såkaldt spirituel tolkning, hvor de ved Helligåndens mellemkomst erstattede profetiernes Israel og jødedommen med kirken, så Biblens profetier på den måde kunne fremstå som værende henvendt til kirken og de kristne.....baseret på kirkens på forhånd fattede trosopfattelse, at Jesus Kristus som type eller figur gennemsyrer hele Biblen, så alle Biblens tekster, inklusive de gammel-testamentelige, forkynder Jesus som Kristus og

---

54 Alison Weir: Against Our Better Judgment. Udgivet på eget forlag 2014

frelser. *Calvin* tog forbehold overfor den spirituelle tolkning af Biblens pagtslutninger og profetier ...Hvis Biblens bogstavelige ord skulle danne norm, så måtte bogstaveligheden fastholdes - og så var det ikke til at komme uden om, at der i biblen stod, at det jødiske folk ved tidens ende skulle genindsættes i Israel.....Calvin løste problemet ved at løse Eusebius' forbehold op [at jøderne aldrig kunne vende tilbage til Israel) - og han tog dermed det første skridt hen imod dannelsen af en kristen Zionisme. Han hævdede at jøder og kristne ved tidernes ende skulle forenes i den kristne pagtslutning, så de i fællesskab under den kristne pagt kunne drage til Jerusalem og møde den genkomne Kristus dér. Calvinismen hæfter sig ved den rolle, jøderne skulle spille i den kristne frelseshistorie. Jøderne var simpelthen ikke til at komme udenom, for det jødiske folks konvertering og efterfølgende tilbagevenden til Israel var forudsætningen for, at Kristi genkomst kunne finde sted.

De engelske puritanere (og de senere kristne Zionister) forstod forholdet mellem Biblens pagtslutninger og profetier på den måde, at pagtslutningerne var det egentlige retsgrundlag i forholdet mellem Gud og det jødiske folk. .-...pagterne var Gud bundet af ..og Gud kunne derfor ikke lade eskatologiens begivenheder og dermed tidens afslutning finde sted, førend disse løfter til det jødiske folk om at de skal genindsættes i Israel, først måtte indfries.

Også de mange puritanere, der efter 1630 var emigreret til New England kolonierne, delte denne forestilling om en fælles identitet og en art skæbnefællesskab mellem jøder og puritanere. De forstod sig selv som Guds nye pagtsfolk, der på linje med det jødiske folk foretog en exodus fra Faraos Egypten, dvs. England....de så, som ovenfor nævnt, på deres leder John Winthrop som Moses eller Messias, der havde ført dem til det forjættede land, Amerika, som de kaldte "Det nye Israel".

Konsekvensen af puritanernes syn på jødedommen var, at jødernes konvertering nu blev et anliggende af største betydning. Mission blandt verdens jøder var en religiøs pligt ...for forudsætningen for, at det jødiske folk kunne genindsættes i Israel, var, at de havde tilsluttet sig den kristne pagt....konvertering, genindsættelse og Jesu genkomst var indbyrdes afhængige størrelser...

Men der herskede blandt puritanerne ikke stor optimisme, hvad angik jødernes villighed til at konvertere ...Også i Amerika delte puritanerne dette negative syn på jødedommen - men dog en vis tro på missionen.[55]

Med Nelson Darbys dispensationelle millennialisme ændrede evangelisterne syn på kravet om jødernes konvertering og fastslog at jødernes tilbagevenden til Israel ikke forudsatte en omvendelse til kristendommen. En opfattelse som således havde rødder tilbage til Calvins lære.

Der hersker således utvivlsomt vedvarende en del tummel omkring forsøgene på at forene den kristne og den jødiske messiasforestilling, tilsyneladende med den hensigt at få Vorherre og Jahve til at stå sammen imod og tage afstand fra islamiske Allah. Det indebærer adskillige besværlige omrokeringer og flytten rundt på. Især må således Jesus holde for, og det foreløbige resultat må for et søgende øje betegnes som både

---

55 Svend Lindhardt, s. 19-23

forvirrende og anstrengt.

Kapitel 7
Free Spirits - men i så fald i en ganske ny version?

Man kunnde påpege, at hvis dette skulle demonstrerer en overlevelse ind i vor tid, af bevægelser vi ellers knytter til middelalderen, så må det dog samtidig påpeges, at der er ganske væsentlige forskelle mellem det, som florerede i udkanten af de middelalderlige bondeoprør, og det, der ovenfor er beskrevet som en integreret bestanddel af nutidens visionære politiske forestillinger.

For det første havde middelalderens free spirits en sekterisk karakter. Karakteristisk for dem var, at det drejede sig om små, overskuelige grupper, som vel endda satte en ære i at være eksklusive, skønt forhutlede. Og det kan dog ikke blot være en forskel i det ydre.

Der er sikkert mange andre forskelle, men der er dog også lighedspunkter: Eksempelvis kunne man nævne de universelle menneskerettigheders "sacraliserede menneske".[56]
    Men så er man dristig! Endda overmåde - for dermed er det jo dog hele det moderne menneskesyn som man dermed ligner med middelalderens free spirits! Denne prægtige vision af det suveræne og autoritetsfri menneske i fuld figur!

---

56 Hans Joas: Die Sakralität der Person. Eine neue Genealogie der Menschenrechte. Berlin 2011, s. 21

111

Det har dog i sin hele - visionære - emanation, som den tegner sig for os, i det mindste her vest på, meget lidt at gøre med middelalderens beguarder og beguiner. Specielt er det dog et ganske anderledes forbrugsmønster!

Så, nej! - men måske kunne man prøve ad andre veje - forsøge sig med en anden perlerække af associationer. For helt at opgive visionerne om vor tids frie ånder falder svært og vil efterlade en sugende tomhed i sjælen. Man kunne forsøge sig med det moderne selvberoende menneskes gradvise frigørelse fra de snærende historiske fællesskaber. For måske derved undervejs, eller i det mindste ved vejs ende, at finde de frie ånder, som jo dog også satte en ære i at slippe ovenud af deres tids sociale bindinger.

Ja! Jeg prøver med et udkast om længslen mod tusindårsriget som bolig for det moderne, på ovenstående vis frigjorte menneske. Skulle de frie ånder være en realitet i vores tid, var det måske ikke helt af vejen at søge dem der. Det er dog et forsøg værd. Jeg prøver.

Tusindårsriget

Og jeg så en engel stige ned fra himlen, han havde afgrundens nøgler og en storlænke i hånden.
Og han greb dragen, den gamle slange, som er djævelen og satan, og bandt ham for tusinde år.
Og kastede ham i afgrunden og lukkede og forseglede over ham,

for at han ikke mere skulle forføre folkeslagene, førend de
tusinde år var til ende; derefter skal han løses en lille tid.

Sådan!

Det er den bibelske version. Der har været mange andre drømme om en paradisisk verden. Om det handler en stor del af menneskehedens historie. Det er der skrevet bøger om. Som denne. Det handler om fremtiden. Det har det altid gjort, og alligevel er det slutteligt blevet fortid og historie. Fortællinger og bøger - ganske ofte tykke.

Nu er det over os igen. Måske mere intenst end nogensinde før. En vision om vi og os, og ikke blot en anekdote om jeg og mig.

Engang var det drømmen om Amerika. De drog afsted med kone og børn. Men også ofte uden. Fortællingerne havde gjort dem til drømmere, og en dag var de borte, mens kone og børn forgæves ventede dem. Som Hans, den nys etablerede gårdmand, der sagde til konen, at han ville gå til byen. Hun skulle ikke flytte køerne, før han kom tilbage. Han kom aldrig tilbage. Kun rygtet, at han var kommet i vej til Amerika.

Mere hørte man aldrig til Hans. Men konen derude på gården klamrede sig til sin vished om, at Hans ville komme. Den holdt den drøm, indtil sognefogedens hestevogn en dag holdt for døren, og sognefogeden fortalte Grethe, at nu var gården fallit. Så kom Grethe på fattiggården. Der sad de så de to - på mange tusind kilometers afstand. Drømmene havde taget slut. Ikke mere paradis her for dem. Kun håbet om guds nåde på dommens dag.

Andre gik det bedre, som Niels, der sendte postkort hjem

med billede af hans fornemme hus med søjleindrammet indgangsportal. Niels var den midterste af Maren Kirstines fem børn avlet i det forfaldne hus midt i landsbyen, hvor hun sad enlig, fordrukken og også på andre måder sølle og blev hjemsøgt af liderlige mandfolk.

Men Nils slap afsted og fik succes og kom et godt stykke ad vejen til tops derovre.

Sådan gik det flere, men de allerfleste hørte man ikke siden fra. Måske havde de ikke efterladt sig så mange at skrive til. I hvert fald ikke med god samvittighed. Men flertallet af dem forsvandt vel ned i den anonyme masse på samfundets bund.
Intet paradis der for dem.

Men drømmene om et paradis på jord blev hængende derovre. På den anden side af "dammen". Det nye Israel. Det blev til drømmen om *tusindårsriget*

Derovre var der ingen konger eller kejsere, ingen paver og ingen herremænd, Der var enhver sin egen herre - sin egen lykkes smed.

Hjemme havde der også nylig været opbrud. Opbrud fra fællesskaberne - fra landsbyfællesskabet. Bondefrigørelse og frihedsstøtte. Bønder og husmænd havde gjort sig fri af herremænd og havde fået deres eget. Havde fået foden under eget bord.

Havde gjort sig fri af hinanden og var draget hver til sit - for de fleste væk fra landsbyen til en nybygget gård ude i den nye nøje udmålte mark. Væk fra bystævne og oldermand på den åbne plads midt i landsbyen, hvor man havde siddet hver på sin sten og truffet beslutninger om den fælles bymark og om udfordringer i landsbyens dagligdag. Man havde ligesom herremanden fået sin egen mark, langt hen ligesom hans: en hovmark, tilsået og høstet af karle og piger og lidt forhutlede husmænd.

Det var så det første fællesskab man lagde bag sig. Landsbyfællesskabet. Bondefrigørelsen. Fri for stedsmål og landgilde og herremand. Det tog sin tid. Mere end hundrede år skulle der gå, før de sidste endelig købte sig fri og byggede sig gård derude på marken.

På det noget højere niveau fik man til gengæld først sogneforstanderskaberne med en sogneforstander valgt ved frie valg - lidt ligesom dengang man valgte oldermand. Der var dog forskelle. Ikke sad man i rundkredsen på sin sten og stemte ved håndsoprækning. Sogneforstanderskaberne, som senere blev til sogneråd valgte man i hemmelighed, så ingen skulle vide, hvem der havde stemt på hvem - også det af hensyn til den personlige frihed. Men ligesom dengang fik kvinderne ikke lov til at være med, ikke i begyndelsen, og det var i begyndelsen også kun de mest samfundsansvarlige, de mest besiddende, som havde stemmeret.

Ind på de tomme felter i landsbyen efter de udflyttede gårde og huse flyttede håndværkerne og de handlende og sømændene. Siden kom fiskerne til.

Man organiserede sig: bønder og husmænd i andelsbevægelsen,

håndværkerne i lav, de handlende i brugsforeninger og fiskerne i fiskeriforeninger. Alt sammen nye fællesskaber som tilførte deres medlemmer en ikke ringe standsfølelse ganske uafhængigt af deres sociale placering i samfundet.

Fra gammel tid havde man haft smeden og skrædderen og mølleren, men de boede i huse på bygaden som lejere hos og en bestanddel af landsbyfællesskabet. Ligesom degnen.

Egentlig var man lidt sendrægtige i opbruddet til den fulde personlige frihed og det fulde demokrati. Man fortsatte således med at vælge sig fællesskaber til afløsning af det gamle. Man var medlem af sit sogn, af sit lav, af sin forening. Man havde stadig sit sted, og man identificerede sig fortsat med sin egn og med sin brugsforening og sit andelsmejeri. Andelsbevægelsen samlede bønder og husmænd igen efter adskiltheden. Håndværkerlavene gav selvfølelse og fagstolthed til murere, snedkere, tømrere og skræddere. Som en ubevidst erstatning for de gamle fællesskaber. Som et fællesskabernes fællesskab havde man fortsat sognekirken og midt i byen præstegården og sognepræsten. Landsbypræsten var parthaver i landsbyens mark-fællesskab og op gennem 1700-tallet ofte en energisk foregangsmand. Endnu væsentligere var dog hans prædikener om søndagen foran alle sognemedlemmerne. Og dåb og konfirmation og bryllup og begravelser. Det sidste længe noget særlig betydningsfuldt: Kirkegården og dens gravpladser var landsbyens slægtshistorie og slægts-fællesskab.

Opbruddet eller flugten til Amerika var et opbrud fra alt det. Og dog havde for de fleste opbruddet allerede sat ind før

116

beslutningen om at vende det ryggen og emigrere.

For købstæderne voksede og voksede. Først i overensstemmelse
med deres betegnelse var de steder for handelen. Og hvor
landsbyerne foretrak at trække sig tilbage fra kysten i ly for
fremmede skibe med ureelle hensigter, så skulle købstæderne
have havn og plads til deres købmandsskibe, til varehandelen
med andre nationer og folkeslag på den anden side af havene. Så
hvor landsbyerne holdt sig i baggrunden og var indadvendte og
ængsteligt defensive, så var købstæderne dristige og udadvendte.
Dog alligevel ikke mere end, at de gemte sig ved bunden af dybe
fjorde eller i ly af kongens borge og slotte
        Som de lå der spredt ud langs kysterne eller inde i fjordene
tog de til at vokse og trække talrige nye beboere til. Det var
kongens regering og administrationen, det hastigt voksende
universitet samt kulturlivet og underholdningen for de mange nye
mennesker. Universitet og lærdom blev hastigt cementeret med et
almindeligt skolevæsen. Bygget op overalt med skoler i byer og
landsbyer, senere hen med gymnasier og seminarier. Og på
toppen af alt det kom der justitspalæer og hospitaler og dermed
talrige jurister og læger - og sygeplejersker. Og vand og
renovation skulle der til - i langt højere grad end tidligere. Og
boliger - så dermed også talrige håndværkere. Og dagligvarer
med et utal af småbutikker. Og forvaltning af alt det der. Så
ganske langsomt men systematisk blev det gamle bondesamfund
urbaniseret. Da så teknologien og industrialiseringen kom rigtig i
gang fra sidste halvdel af 1800-tallet, tog den udvikling snart
overhånd. Og skabte ny fattigdom både på landet og i byerne.
Ikke mindst fordi børnedødeligheden faldt i en præventionsløs

tid, og befolkningstallet tog til at stige kraftigere, end far og mor kunne magte at følge med.

Alting gik hurtigere og hurtigere, og i den hastige udvikling var der flere og flere, som følte sig hægtede af i fattigdom og udsigtsløshed. Mest var det dem, der rejste - trods alt kunne de spinke og spare til en enkeltbillet. Ikke sjældent efterladende kone og børn, som alt for bekostelige at tage med og samtidig en hindring eller i det mindste en hæmning for afsættet til et nyt liv med nye muligheder.

Amerika - "the promised land" - "det ny Israel"

Næsten samtidig med bondefrigørelsen i Danmark indtraf den franske og den amerikanske revolution. Så frigørelsen blev mere udbredt og fik en langt mere omfattende karakter. Skønt der var dog mange lighedspunkter mellem de historisk prægnante begivenheder i Frankrig og De Forenede Stater sammenholdt med de tilsyneladende mindre væsentlige hændelser på lavere historisk niveau i det danske bondesamfund.

Også der ude var man blevet af med konger og bisper og herremænd. Endskønt for de briter, som i første halvdel af 1600-tallet blev de første pionerer og indvandrere i indianernes Amerika, var adelsvælden og herremændene forlængst begyndt at smuldre også der, hvor de kom fra. Så for dem blev det alene et oprør med den engelske konge og den anglikanske kirke. Fri af herremænd og landsby-fællesskab var man blevet i afrejsens øjeblik. Begge dele lod man bag sig. Så herremænd og landsbyfællesskab har ingen plads i De Forenede Staters historieskrivning.

Vigtigere for Amerika som det forjættede land for danskere og andre europæere var det, som hændte på denne side af 1800. For da blev der op igennem århundredet god plads i De Forenede Stater. Hvor det kun bestod af tretten østkysstater, da det revolterede i 1777, flyttede de grænsepæle op gennem det næste århundrede - ikke mindst i dets første halvdel - og drog fra Atlanterhavet til Stillehavet, drivende franskmænd, spaniere, mexicanere og indianere foran sig. Der blev rigelig plads til nye agerdyrkere, og de kom da også i horder først og fremmest fra England og Skotland, Skandinavien og Tyskland. Ganske overvejende solide protestantiske trosfæller og af angelsaksisk stok. Siden kom irerne og italienerne samt mod slutningen af århundredet de russiske-østeuropæiske jøder. Fremmede religioner, som ikke var velsete blandt de angelsaksiske protestanter. men med tiden lod de sent ankomne sig dog assimilere med de forud etablerede amerikanske værdier og grundforestillinger.

De gamle europæiske fællesskaber bragte immigranterne ikke med sig. Landsbyfællesskaberne var gammelt arvegods, som indvandrerne i USA fraskrev sig, og lavsvæsenet var for traditionelt og lidet bevægeligt for den amerikanske nutidighed og rastløshed - "when going West".[57] Handlen og pengeverdenen

---

57 Richard Hofstadter: The Age of Reform, 1955, s. 45: "Fremherskende i det amerikanske landbrug var den enligt liggende landbrugsbedrift midt i sit opland; de hyppige opbrud og fraværet af landsbyliv, afskår landmanden og hans familie fra fordelene ve fællesskab....og fremelskede den grasserende, mistroiske og næsten selvmorderiske individualisme som den amerikanske bonde længe var kendt for...." Det typiske produkt af det amerikanske rurale samfund var ikke selvejeren eller landsbybonden, men en fortravlet lille land- og handelsmand som arbejdede hårdt, flyttede alt for ofte, spillede

fik vel en mere og mere fremtrædende rolle, men med en kraftig opadstigende tendens med dannelse af eksklusive fællesskaber på højt niveau - ikke åbne for den allerstørste part af menigmand. Så kom urbaniseringen med blandt andet de offentlige institutioner, og siden kom industrialiseringen med dens talrige virksomheder. Nye fællesskaber i byerne, men af en ny type skabt for det nye kreative menneske - det unikke, som ville noget med sit liv, som ville kampen og konkurrencen. Vindere og tabere. Fællesskaber i evindeligt opbrud eller i en stadig søgen mod et oppe og et nede. Fællesskaber som stadig stræbte mod sine egne opbrud. Og fagforeninger slog aldrig rigtig an i USA.

Tilbage var blot religionen i den amerikanske mangfoldighed til at tage vare på de basale sociale fællesskaber. Det religiøse liv blev dog i høj grad præget af det amerikanske opgør med den anglikanske moderkirke og afvisningen af paven i Rom og katolicismen. Med vægten lagt på hin enkelte og hans tilgang til et nyt liv i den vestlige uendelighed, fornemmede man i den revolutionære og postrevolutionære amerikanske regering, at man heller ikke havde forudsætninger for at udstyre al denne uregerlighed med en overordnet åndelig autoritet. Så man skilte ved statsligt dekret kirke og stat, og skabte grundlaget for de nye fællesskaber. Man samlede sig om sin kirke, sin præst og sit sociale netværk. Overdrog dens mere elementære moralske forskrifter til staten og beholdt dens mere samværsprægede, følelsesfulde, sociale aspekter ude i menighederne. Mens man fortsat fastholdt den individuelle suverænitet. Det lagde grunden for den amerikanske demokratiopfattelse. Den absolutte individuelle frihed og ubundethed med ret til selv at vælge sit

---

poker med sin jord og trådte sin vej alene."

120

parlament og sin gud og dermed karakteren af sit sociale liv.

Vi kunne følge den rastløst søgende Peter, som har revet sig løs fra sin danske bagrund og nu står i indvandrerkontoret i New Yorks havn og anmoder om indvandringstilladelse:

"Vi sætter skam overordentlig stor pris på gud her i de Forenede Stater, men det er kun ringe gengæld, for den pris han sætter på os! Både på mig og ham, der sidder der henne, og også på ham, der står der ovre og venter på, at toilettet bliver ledigt."
Som den korpulente, lidt brøsige herre der inde bag skranken sagde til Peter, da han første gang stod inde i indvandrerkontoret i New Yorks havn og fik en redegørelse for, hvilke specielle forhold der gjorde sig gældende i det land der inde bag frihedsgudinden og havnen og den korpulente, lidt brøsige herre, som derefter tog et blad fra en bunke papirer, der var stablet op foran ham og læste, mens han punkterede hver sætning med et anslag på skranken med den midterste finger på højre hånd: "All humans are born free and equal in dignity and rights." *Her holdt han en kunstpause og sendte til yderligere bestyrkelse af sine ord udover det omtalte anslag et betydningsfuldt blik på Peter, før han forsatte:* "The basic subject of society is the human person, and the legitimate role of government is to protect and help to foster the conditions for human flourishing." *Her tyede den korpulente, antagelig på grund af sætningens længde, til scanderinger og et par extra anslag af højre hånds langefinger. Derefter fik hans stemme et anstrøg af det fortrolige, men samtidig belærende, da han gik videre i texten:* "Human beings naturally desire to seek the truth

about life's purpose and ultimate ends." *Men nu var det, som blev han selv grebet af det højtidelige sprog og ganske glemte den enlige immigrations-ansøger på den anden side af skranken til fordel for menneskeheden, og det bidrog naturligvis til at bibringe hans stemmeføring et ikke ringe anstrøg af patos:* "Freedom of conscience and religious freedom are inviolable rights of the human person." *Men sluttelig bøjede han sig ind over skranken, greb Peter i kraven og så ham dybt i øjnene, da han afsluttede sit foredrag i et mere dæmpet, men nu indtrængende tonefald:* "Killing in the name of God is contrary to faith in God and is the greatest betrayal of the universality of religious faith."

Efter igen at have sat sig ned og sundet sig meddelte han, at således ville Peter nu velforberedt møde de amerikanske værdier, men først måtte han træffe et personligt valg mellem de i landet forefindtlige former for gudsdyrkelse. Han opfordrede Peter til en grundig ransagelse af sin samvittighed og sin hidtidige indstilling til det hinsides, før han traf sit valg. Han fremdrog derefter de foreliggende valgmuligheder i form af en fyldig dokumentrulle, som han rakte Peter, idet han samtidig med den ledige hånd pegede på et lokale modsat skranken, som han opfordrede ham til at benytte til fordybelse og grundig overvejelse før sit endelige valg..

Der vil vi så lade Peter i fred og ro og uden nogen form for ydre påvirkninger fordybe sig i de foreliggende tilbud og antage at han sluttelig træffer sit frie valg, som den suveræne, selvberoende person Peter er eller forventedes at være her på

122

Nu er Peter, som man kan fornemme af ovenstående, et barn af vor tid, så det turde være overmåde relevant at vende tilbage til hans nu forladte hjemland, for at se nærmere på, hvad der er hændt der i de forløbne år, siden vi ovenstående forlod det.

Vi forlod det i opbruddet fra landsbyfællesskabet, og i dets begyndende overgang fra et bondesamfund til en dominerende bykultur. Den udvikling var skredet hastigt videre. Samtidig var man ude i landsbyerne kommet endnu langt længere væk fra det gamle landsbyfællesskab. Som omtalt havde man som afløsning fået sogneforstanderskaber og senere sogneråd. Da Peter forlod sit fædreland var sognerådene forlængst erstattet af de mere omfangsrige kommuner, som dækkede flere sogn. Intet sogn var længere sit eget centrum. Og sluttelig var også de kommuner blevet erstattet af storkommuner, som omfattede flere af de tidligere kommuner og dermed talrige af de oprindelige sogne.

Håndværkerlavene var forlængst afgået ved døden og erstattet af fagforeninger på linje med arbejdernes fagforeninger. Men de var på det seneste også sygnet hen på grund af svigtende interesse blandt medlemmerne for den slags afindividualiserende fællesskaber og på grund af den generelle udvikling omkring de pågældende fag.

Fagforeninger for de ufaglærte arbejdere var sygnet hen sammen med sit medlemsgrundlag - en hensygnen, som ikke mindst skyldtes de større krav, den teknologiske udvikling stillede til uddannelsen af arbejderne. På landet var andelsbevægelsen

123

fortrængt af stordrift. De lokale mejerier var nedlagt. Den lokale brugsforening havde vokset sig større og større i konkurrence med anden stordrift omkring dagligvarer og var sluttelig blevet opslugt af købstæderne og fortrængt fra landsbyerne.

Bonden og husmanden havde fået foden under eget bord og ploven i egen jord. De havde fået skøde og kunne optage lån i banken med sikkerhed i fast ejendom. En Ejendom som dog med tiden viste sig knap så fast. Først forsvandt husmændende ind til byerne til de arbejdspladser i industrien, som løftede op til en højere levestandard end den nøjsomme husmandstilværelse ude i landsbyerne. Samme vej gik størsteparten af landsbyens kvinder, og siden blev landsbyen også for klejn for bondens sønner og døtre, som kom i gymnasiet og videre til de højere læreanstalter til samfundsmæssig agtværdighed på et højere niveau, end det bondesamfundet kunne byde på. Og jorden blev dyrere og dyrere, renterne på lånene blev højere, og afdragene føltes tungere og tungere. Bonden var kommet med ind i den store samfunds-økonomi, som ikke levnede ham megen plads ved siden af mere dynamiske initiativer og kræfter. For hver generation tyndede det ud, og da Peter drog afsted til Amerika, var der kun en brøkdel af de gamle bondebrug tilbage i det danske landskab.

De erhvervsmæssige fællesskaber var således i hastigt opbrud. Og bedre stod det ikke til med de åndelige. I den almindelige afskaffelse af autoriteter til fordel for den individuelle suverænitet, var Gud om ikke sat på porten, så dog i anselig grad devalueret. Det var til dels en følge af den hastigt tiltagende urbanisering. I købstaden mistede kirken snart den samlende og sociale rolle, den havde haft ude i bondelandet og i landsbyerne. Kirkegængerne blev færre og færre, og salmerne blev sunget med et fåtal gamle og sprukne stemmer, som ikke længere kunne fylde kirkerummet, der endda ofte stod tomt ved gudstjenesterne om søndagen. Kun de festlige begivenheder, dåb, konfirmation, bryllupper (dog i de hastige opbrud til nye alliancer i konkurrence med de sekulære vielser på rådhusene), og til nød begravelserne. De sidste fandt nu sjældnere og sjældnere sted hjemme i sognet, men et eller andet sted ude i det fremmede eller en gravlæggelse i det anonyme. Kirkegårdene havde antaget karakter af historiske steder med mindelser om de opløste slægter. Smukt og omhyggeligt holdt ved lige som en sidste samling omkring det, der var en gang.

Også i de Forenede Stater var der sket forandringer, skønt grundtonen var den samme. Man var ankommet i et opbrud fra verdslige og religiøse autoriteter og fra obsolete fællesskaber, og til erstatning grupperet sig - dog ikke gruppevis, men som selvstændige enkeltindivider - om forskellige variationer over temaet Gud, dog alle disse variationer fastholdt på løftet om tusindårsriget, der fremme og nu ikke længere der oppe.

For den vedvarende drøm om tusindårsriget havde man, som omtalt ovenfor, bragt med, da man landede i Massachussets, og op igennem århundrederne havde den sedimenteret sig i de amerikanske sind, dog blot med en uenighed, om hvorvidt den kristne Messias skulle komme før eller efter. Sluttelig var der dog blevet stemning for,at han skulle komme før, og at det var De Forenede Staters entydige skæbne, for den samlede menneskehed, at bane ham vejen. Det var det, der gjorde Staterne til noget særligt, som menneskehedens vejviser. Man havde fortsat opgaver der ude bag horisonten. Going West - and keep on. Man skulle igennem folkelige vækkelser med tungetale og åbenbaringer før det var endelig grundfæstet, at tusindårsriget lå der fremme, som en jordisk Edens have, og at det var De Forenede Staters opgave ikke blot at vise - a city on a hill -, men også at bane vejen dertil:

Man kunne således – måske endda med føje – hævde, at det helt afgørende element i de amerikanske protestantiske bevægelser med tiden blev deres "horisontalitet" - at gudsriget er at finde der fremme, måske nok oppe på bakken, men dog indenfor rækkevidde af den længselsfulde vandrer, eller de af hans efterkommere som fortsætter der, hvor han har stillet sin vandrestav og måttet erkende sin egen uformåenhed. Dog i fortrøstningsfuld overbevisning om at have tilbagelagt sin del af den lange rejse mod fredens og frihedens land, hvor Jesus en dag som fyrste skal modtage hans efterkommere. Skulle vandreren, som ventet, vise sig at være af nordamerikansk nationalitet, så har han ikke gået vejen alene. Så har han haft sine landsmænd omkring sig. Og forude har droner, kamphelikoptere og anden slagkraftighed fjernet vildnis og misvækster og søgt at gøre ham vejen ryddelig og fremkommelig. "To make the world safe."

Naturligvis er ovenstående billedlig tale. Bag billedet af vandreren vil man se bogholderen, entreprenøren, senatoren, børsspekulanten, majoren eller hækkeløberen, men billedet er så vidt en realitet, som, hvor de end i øjeblikket befinder sig i De Forenede Stater, og hvad de end beskæftiger sig med, så er det

126

dette billede af den stræbsomme vandrer, de bærer med sig – som et sindbillede på formålet med deres dagligdags sysler – så tvetydige og ofte af tvivlsom lødighed.

På hin side af "dammen", i den gamle verden var Gud i mellemtiden erklæret død. Og sammen med Gud alle hans stedfortrædende konger og kejsere.

I moderne tid - og med guds død - blev det kongen - subsidiært staten, som overtog førerrollen, men nu ikke som guds stedfortræder og dermed med stærkt indskrænket autoritet.

Kirkens rolle som "gudsstaten" var forbi, mens menneskestaten var blevet universel og uden transcendental autoritet (men måske nok med sin egen vedtægtsmæssige adkomst til evigheden).

Så kom skænderiet om, hvem der skulle være statens overhoved. - man kunne begynde at ane, hvad det bar hen imod. For kongen lignede, til trods for alle dikkedarer og dingenoter, alligevel et menneske ligesom du og jeg. Det blev meget snart til en afsløring af, at kejseren og hans klæder var en fiktion. Så kom naturligvis demokratiet - for nu ville vi allesammen styre: være konger i fællesskab, når vi nu alligevel lignede hinanden trods den forskellige påklædning. I hver fald lignede vi hinanden fra starten, splitternøgne og vrælende ved mødet med verden. Der var ingen vej uden om - så fik vi folkestyret.

Men staten var der endnu - det var kun tronstolen, der var blevet tømt. Så folket overtog staten og kasserede tronstolen eller flyttede den, så den ikke stod i vejen.

127

Men styr på forholdene, det var vi dog stadig nødsaget til at have. Ikke så enkelt nu hvor den højere autoritet var borte. Der var kun én udvej, at folket blev sin egen autoritet. At jeg måtte tale dunder til mig - eller at jeg måtte tage mig ved hånden og lede mig på ret vej.

Det blev dog for broget og alt for megen tummel i øst og i vest.

Vi blev så enige om, at vi måtte vælge nogle, som skulle være stedfortrædere for os og tale dunder til os og lede os på ret vej. Og når de nu var valgt af os, så havde de dog fået passende autoritet. Valget var på ingen måde transcendent eller målrettet, det var dog ikke nogen Gud vi valgte - selvom også det undervejs var blevet en valgmulighed, så handlede det her om noget langt alvorligere, nemlig den folkestyrede, folkestyrende stat. Kriterierne for vores valg var langt fra entydige.

Alligevel - vi valgte og vi tildelte autoritet. Men kun midlertidigt! Indtil det næste valg. Sådan. Ingen konger og kejsere endsige paver. Alle var vi vælgere og alle var vi valgbare. Det var den ny tids demokrati. Meget forskelligt fra i sin tid på stenene i rundkredsen på bystævnepladsen. Et langt større udsyn.

Pavens og kirkens begrundelse var gud og kejseren og kongens var blodet, arven, det nationale og endda også gud. Men hvad havde almenheden, folket, at byde på til festliggørelse af sin overtagelse af staten? Gud var for længst brugt op, og konger og kejsere med, når nu alle var lige - så lige man på nogen måde kunne blive, og rimeligt var det vel, at man så fik lagt transcendensen og den opbrugte fortid bag sig og så fremefter. Det var i fremtiden, begrundelsen for magtovertagelsen naturligt nok skulle vise sig, At det havde været et skridt i den rigtige retning. Til lykke og velsignelse for os allesammen.

Et problem var det, at vi ikke vidste noget om fremtiden. Det måtte der rådes bod på. For at råde bod på det, fik vi dog først parlamentarismen, som et udtryk for en vis persisterende uenighed om, hvordan fremtiden skulle eller burde se ud. Fremtiden ikke for dig og mig, men for menneskeheden, for al folket. Man tænkte globale tanker, for med konger og kejsere forsvandt sådan set allerede det nationale, det begrænsede. Når folket tog magten, så gjorde den det på klodens vegne. Når vi nu allesammen var lige - også russerne og kineserne. Ingen fjender mere. Alt det gik langsomt op for os allesammen. Men spændende ideer om verdens fremtid var opstået undervejs. Lige lovlig spændende, for så kom vi alligevel op at slås om, hvorfor en der var den bedste eller den mest lovende. De konservative, som mente, at det gik for hurtigt, liberalisterne, som mente, at det ikke kunne gå hurtigt nok, og så socialisterne, som mente, at det gik for hurtigt for de forkerte. Og endelig dem, og det var de mest sejlivede, der alligevel syntes, at de var de bedste, og som på heroisk vis bar på åbenbaringen om fremtiden på hele menneskehedens vegne. På en måde snød de lidt i det metafysiske og i kampberedthed. Det var nok derfor, de var så sejlivede. Men også de tænkte sluttelig verdensomspændende tanker. De ville skænke sig selv og deres verdensbillede til menneskeheden.

Så blev vi enige om, at vi alligevel manglede nogen eller noget, som ville tage os alvorligt og behandle os høfligt i respekt for vores menneskelige værdighed. Men, hvem skulle det nu være, når Gud var død, og konger og kejsere samt anden velopdragenhed var afsatte. Så var det, vi fik den lyse idé, at det kunne være os selv - folket, massen, the multitude. Altså mennesket selv - som repræsentant for menneskeheden. Skønt dog stadig som folket, massen - det ligestillede enkeltmenneske - født lige - ligesom alle de andre.

Det krævede dog, at vi ophøjede mennesket - gjorde det til en anderledes alvorlig sag, end det syndige væsen der hidtil havde vanket omkring på jorderige. Så var det vi fandt på menneskerettighederne, eller de fandt på os. At vi var født lige, var vi enige om - men nu skulle det fortsætte, og intet overlades til tilfældighederne. Og så den menneskelige værdighed! Lidt ligesom når kongerne og kejserne kom skridende i deres pyntelige processioner. Sådan skulle vi - menneskene - leve og dø. Værdigt.

Det gav vi så hinanden håndslag på.

Sådan mødtes de endelig og aldeles - dem der udvandrede og de der blev - i gensidig hengivenhed. I broderskabets ånd og på rette angelsaksisk vis. Et håndslag henover "dammen" om at bære the white man's burden i ubrydeligt såvel civilt som offensivt uniformeret fællesskab.

Med de millennialistiske visioner ser en amerikaner fremad, men hverken opad eller bagud. For en amerikaner er historien forestillingerne om tusindårsriget - derude på den anden side af horisonten. Ikke fortællingerne om det, der var en gang.

Amerikaneren har ikke hjemvé. Han er nu og her og der fremme.
Det er derfor amerikaneren er handlekraftig - ikke hæmmet af
erindringer eller af respekt for andre folks erindringer. I forhold
til, hvad der forventer menneskeheden er de fortidige hændelser
uden betydning.

Amerikaneren har dog et forhold til historien. Et alt favnende - et
kærligt - som til et kæledyr. Amerikanske historikere har en
svaghed for at garnere deres historiske analyser med lidt græsk
mytologi eller jødisk historie eller detaljer fra europæisk
middelalder eller europæisk filosofi fra Platon til Heidegger. For
komplekser har de. Fordi det - efter snart 500 år ikke er lykkedes
dem at skabe historie, men henviser dem til den europæiske, de
samtidig afviser, som hørende til "den gamle verden", der skal
vige for den ny, som Amerika selv har projekteret. Og som for
amerikaneren giver europæisk historie - ligesom japansk eller
kinesisk eller islamisk - et præg af pikanteri, men alvorligt set
ikke væsentligt for "the frontiersman".
   Amerikaneren er moderne. En "self-made man". I opgør med
både verdslige og åndelige autoriteter. Hans samfundssyn er
"tabula rasa" og "shockterapi" , hvor sædvaner og anderledeshed
kommer i vejen for en fremtid, som står så stærkt, fordi den står
der mutters alene i den amerikanske bevidsthed om
tusindårsriget. På sin vis er amerikaneren skaberen selv, men
hæmmet af, at verden ikke er ny, men var der før. Med
traditioner, kulturer og sædvaner, et vildnis som først må ryddes,
før vejen er banet for de amerikanske kreative visioner om den
nye verden og det nye menneske.

For amerikaneren er menneskeheden et meget idealt men abstrakt begreb. Uigenkendeligt i mødet med nordkoreanere, med vietkong og anden konkret menneskelighed, som kommer eller endog stiller sig i vejen for det amerikanske skaberværk.

Tusindårsriget er en amerikansk vision. Og entrepreneuren bag er amerikaneren selv. Først som missionær, men sidenhen, da vanskelighederne for den amerikanske missionær viste sig uoverkommelige, besluttede han sig for a stille sig i spidsen for de universelle menneskerettigheder, for "american values" og civil religion, som en konfessionsløs overordnet global målsætning for de amerikanske fremtidsvisioner om tusindårsriget, der herefter gjaldt for den samlede menneskehed skabt i amerikanerens billede - med indbygget syndsforladelse.

Gud er ikke død! Gud er den åndelige kraft bag fremskridt og vækst og møder nu menneskeheden i skikkelse af den amerikanske præsident."

Men oppe på rampen stod nu det endeligt frigjorte menneske. Fri og med sin fulde valgret til folketinget, hvor valgmulighederne dog blev i tiltagende grad indsnævret af den uafvendelige økonomiske udvikling. Men frigjort stod han der oppe, næsten statuarisk. Frigjort fra konger og herremænd, fra Guder og fælleskaber. Helt og aldeles sin egen herre med sine knæsatte og af øvrigheden strengt overvågede menneskerettigheder og sin ytringsfrihed på tryk og i tale. Fri for at blive belemret med lokale udfordringer og opgaver, der på fornuftig vis var blevet rationaliseret og centraliseret. Også de lokale sygehuse var nedlagt til fordel for otte landsdækkende storsygehuse (to mindre end tallet på landets domkirker), hvor man kunne være sikker på at blive behandlet af højtuddannede eksperter og ikke lokalt af mere eller mindre selvbestaltede klamphuggere. I fuld samklang og overensstemmelse med de universelle menneskerettigheder. Endog med udsigt til et 31. punkt: retten til udødeligheden.

Der stod han så, et billede på det frigjorte, globale menneske, frigjort fra alt og alle, men med retten til, endskønt i hemmelighed af hensyn til hans integritet, så dog frit at kunne vælge, hvem han ville styres af. Såvel oppe som nede. Der meldte sig mange indbydende ansøgere til embederne, men det var det frie, selvberoende menneske, som afgjorde, hvem der skulle få lov. Sådan er sandt demokrati! Kun sært at han der oppe var blevet så lille og så forpustet efter klatreturen, og at han ustandselig glippede med øjnene, som havde han svært ved at vænne sig til det frie udsyn.

....

Slut! Sådan. Der står han ikke desto mindre. Som et billede på den samlede menneskehed. Endnu lidt kuldskær, men selvgjort og selvskabt. Herreløs og selvberoende.

Skulle det være den moderne udgave af de "frie ånder"? I så fald måtte jeg have været ude af stand til at se skoven for bare træer! Men således defineres det moderne menneske af professor i Idéhistorie ved Århus universitet Hans-Jørgen Schanz:
1. Menneskets forhold til naturen skal være afsakraliseret, afmytologiseret og uden religiøs mellemkomst, altså helt sekulariseret og derved pragmatisk.......... naturen... reservoir for brugsværdier til tilfredsstillelse af

133

menneskelige behov.

2. Menneskenes forhold til hinanden skal være bestemt af en adskillelse af det private og det offentlige.....desuden .. i de offentlige rum forsøges opbygget og realiseres regler for menneskelig omgang, der er bestemt af alment begrundelige, rent humane, altså ikke-religiøse regler, der kan opnå folkelig tilslutning.

3. Selvbestemmelse eller autonomi og myndighed på det personlige plan........ Heri et opgør med alle overleverede magter: religion, tradition og historisk overleveret autoritet. Herved bliver demokrati … en direkte følge af en af modernitetsdimensionerne.

4. Menneskenes forhold til det absolutte – hvor der gælder to overordnede ting: a. at forholdet skal være selvbestemt, altså selvvalgt af hver enkelt, og b. det skal i princippet alene gøre sig gældende i det private..

Det harmonerer måske ikke så ganske med mit indtryk af beboerne her i min opgang eller med i det mindste flertallet af min øvrige bekendtskabskreds. På den anden side kunne det måske skjule sig bag vores med tiden udviklede stærkt ritualiserede omgangsform. Og hvad mig selv angår, så taler min naturlige beskedenhed imod at stige op til de højder. På den anden side: Hvis det er rigtigt, at alle de andre er der oppe - ?

Men så savner man dog i det mindste et af de væsentligste karakteristika ved de"frie ånder": Eksklusiviteten. Og man kunne mene, at med en så generel udbredelse har fænomenet også mistet sin prægnans - til fordel for det fedladne og udistinkte. Skulle mennesket i al almindelighed således sætte sig i guds sted, så har det ikke haft nødigt at løfte benet højt for at træde over i den nye klædning. Kunne man mene.

Men det kunne alligevel forekomme ønskeligt, indenfor

rammerne af samme omfattende menneskehed at opsøge mere distinkte undergrupperinger, som enten i kraft af deres betegnelser eller deres hidtil manifesterede virke kunne føre tankerne - velbegrundet eller ej - hen på de "frie ånder".

Blandt dem kom jeg først i tanker om de såkaldte Non-Governmental Organizations. Ikke så meget begrundet i denne samle-betegnelse, som grundet betegnelsen for enkelte af de således betegnede mere fremtrædende grupperinger og deres tilkendegivne visionære målsætninger.

Altså:.....

Kapitel 8
Non-Governmental Organizations

Foreningslivets udvikling frem mod NGO

Foreningslivet har gamle aner. Fra middelalderens imposante ridderordner og mindre imposante men nok så magtfulde munke- og kætterbevægelser til nutidens mere sekulære, men dog visionære politiske partidannelser og mindre visionære, men mere afgrænset målrettede grupperinger som eksempelvis naturfredningsforeninger og foreninger til dyrenes beskyttelse. Ganske overvejende var de (med undtagelse sidenhen for partiforeningerne) Non-Governmental Organizations. Statens rolle kom i den forbindelse slet ikke på tale. Så det var ikke noget man hæftede sig ved. Det blev det først i det 20de århundrede. En udvikling som på mange måder mindede om det behov for at skille stat og kirke, der var opstået med oplysningstiden og de amerikanske og franske revolutioner sent i 1700-tallet. Det hang sammen med - og det er det, som er sigtet med nærværende betragtninger - at foreningslivet skiftede karakter i sidste halvdel af det 20de århundrede - måske rigtigt for alvor omkring overgangen til det 21de. Det var i den periode, vi møder dem under den nye betegnelse "Non-Governmental Organizations" - på lapidarisk amerikansk vis forkortet til NGOer. Skulle stater, og her er det overvejende de vestlige og helt overvejende De Forenede Stater, der træder frem i billedet, føle sig fristede til at forstrække visse af disse NGOer med økonomiske midler (i idealistisk øjemed), så kunne disse foreninger (hvis forholdet blev for åbenlyst) ty til at betegne sig som NPOer = Non-Profit Organizations. For derved at fastholde foreningens ideale sigte under de ændrede grundvilkår.

USA træder frem på scenen
Denne radikale ændring af foreningslivet i slutningen af det 20. århundrede og ind i det 21de havde sin baggrund i det forhold, at De Forenede Stater for alvor var trådt ind på scenen. Siden århundredets begyndelse. Først i lokalområdet, men siden for alvor på den større verdensscene, hvor scenografien - og på sin vis også hele iscenesættelsen - hermed aldeles skiftede karakter. Til det mere enkle og letforståelige, men samtidig idealistisk fremadskuende i enkle og nutidige gevanter.

Det begyndte så småt omkring 1900 med den amerikanske præsident McKinley og krigen med Spanien, men det tog først for alvor fart med Woodrow Wilson, der var amerikansk præsident i to successive perioder, fra 1912 til 1920, og USAs engagement på allieret side i 1. verdenskrig fra april 1917.

Dermed var forestillinger om apokalypsen og om Jesu genkomst og tusindårsriget endelig trådt i karakter fra en forhutlet tilværelse blandt senmiddelalderlige bondeoprørere og amerikanske puritanere (Woodrow Wilsons rødder og forfædre). I de førende og bedre kredse dog siden fortrinsvis omtalt som "Wilsonianisme" = en særegen amerikansk form for idealisme (befriet for Jesu genkomst, men kun tildels for de apokalyptiske forestillinger), som Wilson's visioner angiveligt satte sit præg på i resten af det 20. århundrede samt (efter manges mening) også ind i det 21de.

NGOer - en strukturel analyse
Non-Government organizations skulle opfattes som foreninger eller organisationer, der, værende uden statsstøtte, var uafhængige og derfor kun fokuserede på deres tilkendegivne ideale formål. I hvilket land de end måtte være tilstede, ville det pågældende lands regering dermed være uden indflydelse på disse foreningers virke.

I middelalderen - i ridder- og munkeordnernes tid - havde organisationerne et afgjort internationalt præg. Et præg, som i overvejende grad gik tabt med middelalderens slutning, men som genopstod i det 20. århundrede. Som et ledsagefænomen til opbygningen af internationale organisationer som Folkeforbundet, De Forenede Nationer og regionale fællesskaber som eksempelvis OECD, De europæiske fællesskaber og OSCE samt de internationale domstole.

I takt hermed opstod de transnationale, humanitære organisationer, som havde et globalt sigte til varetagelse af den samlede menneskeheds interesser. Udviklingen tog tiltagende fart

137

op gennem det 20de århundrede for mod slutningen at antage en helt ny og markant karakter. Begrebet Non-Governmental Organizations fik et nyt indhold, og uafhængigheden skulle herefter forstås således, at de mest fremtrædende og toneangivende af dem i deres globale sigte havde antaget en universel, overstatslig karakter og var trådt i nært samarbejde med de oven anførte internationale mere "sekulære" organisationer; herunder kan særligt fremhæves De Forenede Nationer, som indenfor alle sine institutionelle rammer, inklusive Sikkerhedsrådet, i årene op mod århundredets afslutning indgik et formaliseret samarbejde med et stort antal af disse NGOer.

De universelle menneskerettigheder og løsningen på problemet med Gud

Et indledende og afgørende skridt var taget i De Forenede Nationer med vedtagelsen i 1948 af Erklæringen om de Universelle Menneskerettigheder. Som optræk til den var det lykkedes en økumenisk sammenslutning af amerikanske protestantiske kirker at få indført menneskerettighederne i FNs charter, og i 1946 havde FNs generalforsamling derfor etableret en Human Rights Commission med 53 medlemmer fordelt over kontinenterne på rimelig velafbalanceret vis. Så vejen var banet for den universelle Menneskeretserklæring, da den i 1948 blev vedtaget ved håndsoprækning af samme generalforsamling.

Med menneskeretserklæringen var det endelig lykkedes at finde en løsning på det gamle problem vedrørende forholdet mellem stat og kirke. Det var i Amerika man fandt løsningen. Efter nøjere overvejelser fandt man der, at det grundliggende problem ikke var religionen - isoleret set. Problemet for denne sammenslutning af alverdens stater, som FN jo er, var, når det kom til stykket, Gud eller Treenigheden. Man besluttede derfor at beholde religionen (i sin særlige amerikanske, menneskevenlige udformning) og afskaffe Gud - såvel faderen, som sønnen og den Helligånd. Selvom man der ved sådan set afskaffede forbillederne, fastholdt man dog stadig, at mennesket var skabt i Guds billede og, at det dermed var helliggjort. I det mindste fra fødslen. Mens der fortsat rådede forbehold overfor at føre helliggørelsen tilbage til selve undfangelsen eller den initierende sexualakt, som man nu foretrak at benævne den afgjort mindre signede igangsættende hændelse.

De religiøse forestillinger holdt man således fast ved, og i den særlige amerikanske udformning bevarede The Book of Revelation sin plads og dermed såvel tusindårsriget som de apokalyptiske visioner, mens Jesu genkomst, som den var spået i Åbenbaringens bog og dermed var forankret i amerikanske, religiøse forestillinger, måtte droppes. For at råde bod på det, valgte man så til gengæld at se bort fra syndefaldet og erstatte det med mere tidssvarende og sorgløse begreber som amerikansk exceptionalisme og "the City on a Hill".

Antikrist
Men ligesom mennesket stadig blev set som skabt i guds billede, således var Antikrist fortsat en realitet. Som menneskehedens fjende. Som den der trådte menneskets rettigheder under fode. Modpolen eller modstanderen til Antikrist var herefter mennesket selv, med forbehold for de umenneskelige, der ved et uheldigt

139

sammentræf af omstændigheder var kommet på Antikrists side.

Lidt snurrigt var det, men det lykkedes sluttelig at fremstille en erklæring derom, som var så tilforladelig, at den blev mødt med bifald og applaus i FNs generalforsamling den 10. december 1948.

Det skulle ikke vare længe, før Antikrist viste sig i hele sin afskyelige apparition. Og der med er han med korte mellemrum fortsat lige siden. Rundt omkring på kloden, men alvorligst blev det i Korea og sidenhen i Vietnam, hvor "den frie Verden" måtte slå hårdt ned for at beskytte sig mod forskellige afarter af Sovjetkommunismen. Det havde store omkostninger - såvel blandt kamptropperne for den frie verden som for de vildledte på den anden side. Henimod 10 millioner satte livet til i disse kampe mellem menneskehedens befriere og Antikrists ulyksalige horder.

Helsinki-deklarationens punkt 7

Knap var kampene i Vietnam stilnet af, før der hændte noget i Helsingfors i Finland. Der havde i tre år været samlet repræsentanter for alle Europas stater, bortset fra Albanien, men inklusive Rusland samt USA og Canada. Initiativet til mødet var oprindelig udgået fra Sovjet-Rusland, som ønskede klare linjer for samarbejde og sikkerhed i Europa med særlig vægt på statssuveræniteten. I og med mødet stiftedes CSCE, siden med navneændring til OSCE (Organisationen for Sikkerhed og Samarbejde i Europa).

Moskva havde længe talt for døve øren, men sluttelig var interessen for et møde vakt også i Vesteuropa og USA, så der sad de så i Helsingfors i 1975 og prøvede at formulere et slutdokument efter 3 års palaver frem og tilbage og forfra igen. Endelig enedes de så i 1975 om en erklæring, som siden bar navnet *Helsinki Final Act*. (Man kan forestille sig hvilket lettelsens suk forsamlingen har ladet følge ordet "Final".) Dokumentet havde 10 hovedpunkter (siden omtalt som "de ti bud"). De fleste af punkterne omhandlede forskellige sider af statssuveræniteten, men punkt 7 var endt med at omhandle de universelle menneskerettigheder. Antagelig først og fremmest efter pres fra USA.

Dokumentet havde væsentligst karakter af en hensigtserklæring. Det var ikke bindende for de underskrivende stater. Det var ingen traktat. Uforudseligt var det ved udstedelsen, at punkt 7 om menneskerettighederne skulle få en så stærk gennemslagskraft i de følgende år. Allerede i 1975 var det klart, at det punkt havde sigte mod det sovjetkommunistiske imperium, og det blev ikke mindre tydeligt i de efterfølgende år. Der var opsamlingsmøder omkring erklæringen få år senere, først i Beograd og siden i Madrid. Ved de møder lykkedes det den amerikanske delegation at centrere al opmærksomhed om menneskerettighederne. Da "Radio Free Europa" samtidig kørte en massiv kampagne ind i Østeuropa om samme emne, og da der i de samme år oprettedes talrige ligelydende "Helsinki Watch organisationer" (siden navneændring til Human Rights Watch) med udgangspunkt i New York, var de universelle menneskerettigheder for alvor taget i brug i den kolde krig. Ydermere var periodens amerikanske præsidenter Jimmy Carter og Ronald Reagan med massivt engagement sporet ind på at angribe Sovjetrusland for

forsømmelse eller overtrædelse af samme rettigheder, og det med
en sådan påtrængende intensitet, at det blev en væsentlig
medvirkende årsag til Sovietunionens sammenbrud og
opløsningen af dets hegemoni i Østeuropa. I græmmelse og
skyldfølelse.

Menneskerettighederne havde fået sine NGOer.
Helsinki Watch alias Human Rights Watch blev stiftet i New York
i 1978 og har fortsat hovedkontor i New York og desuden
kontorer i en række større amerikanske og canadiske byer samt
større europæiske hovedstæder og i Moskva og Tokyo.
Den er en ægte NGO - kun finansieret af private donorer,
hvoriblandt Georg Soros' Open Society står for mere end 50% af
organisationens årlige udgifter. Georg Soros er en europæisk
finansmand, som har tjent en gigantisk formue på
valutaspekulationer og nu ønsker at bruge sine mange penge til
menneskehedens bedste.

Ifølge egne oplysninger stammer 99% af organisationens
fondsmidler fra USA og Vesteuropa.

Af ældre oprettede organisationer, som nu gjorde
menneskerettighederne til hovedmålet for deres virksomhed kan
nævnes som de mest fremtrædende Amnesty International og
Freedom House; den første af britisk den sidste af amerikansk
oprindelse.

Amnesty International er grundlagt i London i 1961 med sigte på
regeringers retsovergreb mod oppositionelle og dermed focus
rettet mod samvittighedsfanger.

Sidenhen - med opvæksten af den transnationale interesse for menneskerettighederne, antog Amnesty International et mere bredt og rummeligt sigte og blev efter sovjet-kommunismens sammenbrud efterhånden den førende NGO indenfor det felt. Organisationens hovedkontor er fortsat i London, og i følge den tyske historiker Kerstin Martens havde det i 2006 1.8 million medlemmer og repræsentation i 150 lande eller områder. Hvad angår organisationens økonomiske fundering ser forholdene i henhold til Wikipedia således ud:

Først organisationens egne betragtninger over sin økonomiske uafhængighed:

"Amnesty International er stort set financieret ved afgifter og donationer fra dets verdensomspændende medlemskorps. Det fastholder, at det ikke accepterer donationer fra regeringer eller regerings-organisationer. Ifølge AIs website tillader disse personlige og uafhængige donationer AI at fastholde fuld uafhængighed af hvilke somhelst regeringer, politiske ideologier, økonomiske eller religiøse interesser. Vi hverken søger eller accepterer midler til menneskeretsstudier fra regeringer eller politiske partier, og vi accepterer kun støtte fra forretnings-foretagender, som er blevet kritisk gennemgået. Ved etisk fund-raising baseret på donationer fra enkelt-individder er vi i stand til at stå urokkeligt fast i vores forsvar for universelle og udelelige menneskerettigheder."

Dernæst Wikipedia's supplerende oplysninger: However, AI did receive grants from the UK Department for International Development, the European Commission, the United States State Department, and other governments.

Sådant kan man se så forskelligt på.

Freedom House blev stiftet i USA i 1941 af blandt andet
præsident Roosevelts hustru Ellinor Roosevelt. Organisationen er
for 2/3 vedkommende finansieret af amerikanske
regeringsinstitutioner blandt andet USAID og NED (se nedenfor)
Freedom House har sit hovedkontor i Washington D.C. og fast
repræsentation i godt et dusin lande, herunder Ukraine, Ungarn,
Serbien, Jordan, Mexico samt en række lande i Centralasien.

Der skete en gradvis oprustning af de nævnte organisationer op
gennem 1970erne og 1980erne under præsidenterne Carter og
Reagan. Deres målsætning blev bredere og mere direkte centreret
om menneskerettighederne.

Under præsident Reagan i 1980-erne skete der en afgørende
udvikling i de strukturelle forhold omkring NGOerne og
menneskerettighederne. De centrale elementer var den i 1961
under præsident Kennedy oprettede organisation USAID og den i
1983 nyoprettede National Endowment for Democracy (NED).
Begge blev de centraliserede omkring menneskerettighederne, og
begge fik de en nøglerolle for at overføre økonomiske midler fra
den amerikanske stat til NGOer, der varetog det samme formål.

USAID fungerer indenfor rammerne af det amerikanske
udenrigsministerium og administrerer et budget på cirka 20
billioner dollars, hvoraf en større del går til fremmede regeringer
og en del til støtte for humanitære NGOer.

National Endowment of Democracy (NED) fik til opgave at

financiere private NGOer med det formål at fremme demokrati internationalt. NEDs budget var i 2009 på 135.5 millioner dollars, som næsten udelukkende hidrørte fra amerikanske regeringsbureauer. Halvdelen af dets budget gik til følgende fire "NGOer": American Center for International Labour Solidarity (ACILS), Center for Internationalt Privat Initiativ(CIPE), National Democratic Institute for International Affairs (NDI) og International Republican Institute (IRI). Især de to sidstnævnte skulle vise sig overordentlig internationalt handlekraftige. USAs tidligere udenrigsminister Madeleine Albright er formand for NDI, mens senator John McCain har en tilsvarende topplacering i IRI.

Det er en udbredt opfattelse, at NED skabtes som et supplement til CIA, der havde gjort sig uheldig bemærket ved flere lejligheder op gennem 1960erne og 1970erne. Det uheldigste var, at den havde gjort sig bemærket.

NGOerne i Den Kolde Krig

Dermed var NGO-ernes uafhængighed af det amerikanske stats- og regeringsapparat blevet afgørende mindsket. De humanitære NGOer var utvivlsomt blevet et redskab (ordet våben vil jeg i denne sammenhæng anse for malplaceret) i USAs propagandakrig mod Sovjetunionen og Østeuropa. Også ordet "propagandakrig" må benyttes med forbehold. For der var naturligvis alt mulig grund til at rette skytset mod de utålelige forhold øst på for menneskeheden. Den variant af tusindårsriget man der hævdede at have i sigte, var for de vestlige parlamentariske forsamlinger og for de humanitære organisationer at anse for et blot skalkeskjul for magtbrynde og vildføring af de forpinte befolkninger.

Så dermed var en udvikling sat i gang, som over de næste tiår naturligvis ganske skulle ændre de humanitære NGOs forhold til stater og interstatslige organisationer. Man indså nu, at man havde fælles mål. Fra den naive og godtroende holdning og opfattelse hos f.eks det Internationale Røde Kors og i det mindste indledningsvis for Amnesty International, at de upolitisk varetog opgaver af fundamental humanistisk karakter, var man nået frem til den bitre erkendelse af den omgivende verdens fordækte ufuldkommenhed. En erkendelse som krævede en ganske anden, engageret tilgang til fremme af den generelle menneskelige fuldkommengørelse.

Ejendommeligt nok var det en udvikling, som tog yderligere fart efter Sovjetunionens sammenbrud i 1990. Et sammenbrud som kløgtige iagttagere mener, at de humanitære organisationer skal have en stor del af æren for. I 2001 var NDI og IRI, to af de fire NGOer, som blev financieret af NED, hovedkræfterne bag, da den serbiske præsident Milosevic blev væltet og siden udleveret til den til formålet oprettede krigsforbryderdomstol i Haag. Både Amnesty International, Human Rights Watch og Freedom House gik ind for USAs krig mod Irak i 2003, ligesom FNs menneskeretsorganisationer, samt deres tilknyttede NGOer, spillede en agfgørende rolle i Vestens krig mod Libyen og den planlagte, men af praktiske grunde udeblevne krig mod Syrien. Aktuelt synes alle tre organisationer og andre af de nært beslægtede at have været indblandet i den kupagtige opstand i Ukraine, som førte til regimeskifte. Det vender vi tilbage til nedenfor.

NGOerne til højbords
Cirka 3000 af dagens knap 7000 NGOer er tilknyttet FNs underorganisationer i et fast samarbejde, og de mest betydningsfulde holder endvidere regelmæssigt møder med FNs sikkerhedsråd. Også i andre transnationale organisationer som Europarådet og EU spiller NGOerne en mere og mere aktiv og indflydelsesrig rolle. Så menneskeheden er i de bedste hænder.

Uforudsete apokalyptiske hændelser
I begyndelsen af marts 2013 lancerede den russiske regering en uventet, nedrig kampagne over hele Rusland med det formål at belyse det økonomiske grundlag for tusinder af NGO-organisationer, med henblik på, at afsløre organisationer, der optrådte, som det man kaldte for "udenlandske agenter" på vegne af fremmede stater. Hensigten med kampagnen var, enten at forbyde de pågældende NGOer, eller tvinge dem til at registrere sig som udenlandsk financierede. Over hundrede NGOer blev forbudt eller modtog advarsler om ikke for fremtiden i det skjulte at modtage bidrag fra fremmede stater.

I januar 2014 forsøgte Ukraine at gennemføre en lignende lovgivning. Den 16. januar vedtog parlamentet således 16 love, hvis grundlæggende sigte var at indskrænke demonstrationsfriheden og agitationer mod øvrigheden. Et hovedpunkt var, at "all NGOs receiving foreign funding and engaging in broadly defined "political activities" are obliged to register as foreign agents or risk closure." Som en talsmand for Amnesty International udtrykte sig: "The changes to the Law on Public

Organizations are an almost exact copy of Russian legislation concerning "foreign agents" which has had a devastating effect on civil society in Russia."

Da loven den 16. januar trådte i kraft, udløste det voldsomme demonstrationer og massive protester fra NGOer, herunder *Amnesty International* og *Front Line Defenders* - en irsk i 2001 funderet variant af Human Rights Watch.

Reaktionerne var forståelige set i lyset af, at eksempelvis George Soros' ukrainske filial af Open Society financierer 66 og NED 65 ukrainske NGOer. Også USAID og Amnesty International har omfattende financieringsprogrammer.

Amnesty International udtrykte sig således: "Ved vedtagelse af denne lov bremser regeringen ethvert fremskridt, Ukraine har gjort over de foregående tyve år hen imod fuld overensstemmelse med dets forpligtelser vedrørende de internationale menneskerettigheder. Det lover en grum fremtid for hele nationen." I sin pressemeddelelse kræver organisationen, at den ukrainske regering "øjeblikkeligt trækker lovgivningen tilbage."

Men langt mere radikalt gik en lokal, ukrainsk NGO til værks. Det drejede sig om *Spilna Sprava*, som får støtte fra *International Renaissance Foundation* (IRF), den ukrainske udgave af *George Soros' Open Society*. Spilna Sprava medlemmer stormede og besatte den 27. januar justitsministeriets bygning og nægtede at trække sig ud, før regeringen havde trukket den pågældende lovgivning tilbage.

Justitsministeren truede med at erklære nødretstilstand og indsætte militæret. Overfor den trussel valgte besætterne at forlade bygningen (flere af besætterne blev dog arresteret), men fastholdt en offensiv demonstration udenfor bygningen med

stenkast mod vinduer og anden skrøbelighed, mens de i kor
råbte : ""Bandits out".

Demonstrationerne i Kiev, som ellers var stilnet af efter
december-urolighederne tog herefter igen kraftigt til og spredte
sig til andre byer, hvor oprørere stormede og besatte
regeringsbygninger.

Torsdag den 16. januar fik siden tilnavnet "Black Thursday."

Hidkaldt af den dramatiske udvikling kom EUs udenrigspolitiske
leder Catherine Ashton til Kiev og opfordrede i en samtale
regeringen til at trække lovene af 16. januar tilbage. En af de
nærmest følgende dage opfordrede den amerikanske
vicepræsident i en telefonsamtale præsident Yanukovych "to take
concrete steps...to respond to the full and legitimate concerns of
the Ukranian people, including by repealing the anti-democratic
laws passed on January 16."

Parlamentet besluttede herefter den 28. januar at annullere lovene
og give amnesti til besætterne af justitsministeriet. Regeringen
valgte som reaktion at træde tilbage den 29. januar, og
præsidenten fremsatte derefter et tilbud til oppositionen, som
bl.a. indeholdt placering af oppositionsledere i spidsen for en ny
regering. Tilbuddet blev afslået, og derefter eskalerede
konfrontationen frem til præsidentens flugt den 22. februar, og
oppositionens overtagelse af regeringsmagten i løbet af de næste
dage.

Eftertanker
Måske skal disse dramatiske hændelser ses i lyset af problemer

med at definere begrebet *non-governmental organization*. Hvis en sådan NGO ikke modtager støtte fra regeringen i det land, hvori den opererer, men nok direkte eller indirekte fra udenlandske regeringer, rummes den så indenfor definitionen? Hvis den ikke får støtte fra nogen regering, men fra en udenlandsk, privat rigmand, så skulle der måske ikke være noget i vejen med benævnelsen NGO, men nok med det, der var begrebets oprindelige idé om økonomisk uafhængighed. Således kan man gruble.

Man kunne også filosofere over det forhold, at det lykkedes Rusland, at gennemføre en lovgivning vedrørende udenlandsk finansierede NGOer, mens det gik rive galt i Ukraine. Moralen må være, at et sådant opgør kræver styrke og stor stat. Lidt ligesom i sin tid, da den franske kong Philip den Smukke tog opgøret med Tempelherrerne.

Men flest kræfter bruger man nok på at spekulere over selve scenariet: På den ene side den samlede menneskehed med dens "umistelige" rettigheder. Og så - blandt den samme universelle menneskehed særligt udvalgte grupperinger, indenfor rammerne af FN, som har til opgave at tage vare på den øvrige menneskeheds rettigheder (grupper, hvis rettigheder a priori synes sikrede i og med gruppedannelsen). Også på lavere nationalt niveau har man sikret sig, at menneskerettighederne er blevet indvævet i den nationale lovgivning, således at de ovennævnte FN-grupperinger ikke skulle blive overbelastede med deres overordnede tilsynsopgaver på den samlede menneskeheds vegne.

Skulle fanden imidlertid være løs, så overføres forpligtelsen til indgreb - om nødvendigt med våbenmagt (NATO) - via FNs generalforsamling til FNs sikkerhedsråd.

Men spredt ud over det meste af verden har vi derudover disse Non-Governmental Organizations eller Non-Profit Organizations, Amnesty International, Human Rights Watch, Freedom House, etcetera, som har gjort sig til opgave at overvåge (i tæt samarbejde med de nævnte FN-grupperinger) såvel på lokalt som på globalt niveau, at andres menneskerettigheder ikke overtrædes eller ligefrem "trædes under fode".

Der er altså en række grupperinger - som ikke omfattes af de universelle menneskerettigheder, men hvis opgave det er, fra en i forhold til dem ekstern placering, at varetage opsynet. De står både udenfor og over, men ikke i. Vi har på den måde forskellige rangklasser omkring fænomenet universelle menneske-rettigheder. De, hvis adelsmærke er, at de har dem, og så de som - til dels selvbestaltede - hvis adelsmærke det er - at føre overordnet tilsyn med dem.

Man kunne dog også - modsat - hævde, at den øvrige menneskehed *har* menneskerettighederne, mens de nævnte NGO-er *er* dem. Ikke i juridisk forstand således som FN-grupperingerne og menneskerets-domstolene, men i en højere, moralsk forstand. De er deres substans, hvor de andre er deres bogstav, og ikke træffer deres afgørelser eller tager deres endelige beslutninger, før de har rådført sig med de førstnævnte.

Her er det så, når man påtænker de universelle menneske-rettigheders på det nærmeste sakrale, transcendentale karakter i det moderne verdensbillede, at man kunne ane lighedspunkter imellem de "frie ånder" og diverse menneskerets-NGO-er. Endskønt i så fald af en ganske anden karakter end middelalderens beghuarder og beghuiner, de ustyrlige Adamitter i Böhmen i det tidlige 1500-tal samt de oven omtalte med eller uden stimulans fra kunstige droger kærlighedshungrende 1968-oprørere.

Selv vil de utvivlsomt modsætte sig enhver sådan, endog indirekte, sammenligning, og mange vil sikkert heri give dem ret og se ovenstående som utilladelig sarkasme, måske endog helligbrøde. Men i en tid, hvor Gud er blevet borte (nogle hævder endog, som sagt, at han er død), må man være forstående overfor ethvert initiativ til at søge at skabe lys over hans forsvinden. Og helt udelukkes kan det vel ikke, at han kan være lokket på afveje eller endog være bortført. At han er taget i hemmelig forvaring og måske kun optræder i forklædning, hvis han i det hele taget viser sig, eller får tilladelse til at vise sig, offentligt, og det ikke er muligt at afgøre, om det er ham selv, eller en til lejligheden opfundet stedfortræder.

Løse betragtninger

Religionsfrihed
Det er ud fra sådanne tanker og synspunkter, at jeg beder om forståelse for eller i det mindste overbærenhed med dette mit initiativ under dække af spørgsmålet: Er Gud død, eller er han blot taget i forvaring? Hvordan skal Guds fravær, eller skjulthed, *deus absconditus*, forstås?

152

Guds fravær kunne endog forekomme særdeles relevant set i forhold til punkt 9 i de universelle menneskerettigheder, som de er nedfældet i FNs generalforsamlings erklæring af 10. december 1948: Menneskets frie ret til: ...tanke, samvittighed og religion. Dette indbefatter "retten til at skifte religion eller overbevisning, samt til at følge sin religion eller overbevisning... "

Det moderne menneske har dermed fået ret til frit at vælge sig sin gud, og i tilfælde af utilfredshed skifte til en anden. Det indebærer naturligvis, at der er noget af vælge imellem, samt at der i det hele taget, vulgært udtrykt, er noget på hylderne. Hvis der på den ene side kun er én Gud, så er det moderne menneske ilde stedt. Man må fra FNs generalforsamlings side påse, at det altid har i det mindste to at vælge imellem. På den anden side, hvis der slet ikke er nogen Gud tilstede, og det er netop det, der var udgangspunktet for vores overvejelser, så må man naturligvis allerførst tage i betragtning, at en ikke helt ringe del af menneskeheden, fortrinsvis blandt akademikere og anden enfoldighed, har besluttet, at sådan er det: Der er ingen Gud - og det har der heller aldrig været! Men for den øvrige del af menneskeheden, som søger sig en Gud, for dem er situationen naturligvis uholdbar. For dem må den pågældende generalforsamling i betragtning af, hvad mennesket i følge de af det vedtagne menneskerettigheder har fået en (umistelig) ret til, påse, ikke blot at det globale menneske står frit i sit valg mellem de forefaldne Guder, men til enhver tid sørge for, at der er guder til rådighed.

Man kan og bør indvende, at det anførte problem er af teoretisk art. For Guder er der rigeligt af derude, hvor mennesker færdes, selv i det på så mange andre områder dominerende

Vesten, herunder også medregnet det USA, som vel har en masse guder, men dog ganske overvejende til internt brug for borgerne rundt om i bykvartererne og andre regionale samfundsmæssige opdelinger. Men som overnational instans er det FN, der har påtaget sig ved op-, tilsyn og overvågning at sikre hvert menneske, hvor det end befinder sig på jordkloden, at det ikke påtvinges Gud eller guder imod sin vilje. I den henseende er denne i 1948 etablerede overnationale instans blevet et menneskets værn imod anmassende religiøs påtrængenhed. Men dermed har det dog også påtaget sig i det mindste et vist ansvar for, at ethvert menneske også besidder en valgmulighed! Vel også i den forstand, at guden eller guderne i tilfælde af tilvalg også reelt stiller sig til rådighed for vælgeren.

Der er dog også et andet problem, der melder sig for tanken i forbindelse med FNs erklæring om de universelle menneskerettigheder, nemlig "autoritetsproblemet". Og det er netop omkring det problem, at Guds eksistens kunne vise sig flygtig. Eksempelvis betyder vedtagelsen ved håndsoprækning den 10. december 1948 i FNs generalforsamling af blandt andet menneskets absolutte krav på religionsfrihed ikke blot, at generalforsamlingen dermed bliver ansvarlig for, at der er Guder til rådighed og endda i et passende antal til tilfredsstillelse af valgfriheden, men det betød også, at generalforsamlingen med den nævnte erklæring havde tiltaget sig en autoritet (eller måske kan man snarere tale om en autoritativ modautoritet) på vegne af det menneske, som det netop med den pågældende erklæring ville gøre til sin egen autoritet! - til afvikling af en højere - en Guds autoritet.

Indlysende er det i det mindste at overfor dette rettighedskrav fra generalforsamlingen har de forhåndenværende guder måttet give afkald på en ganske væsentlig del af deres autoritet eller måske rettere sagt: på den dem i tidligere tider tildelte autoritet. Både FNs etablering og vedtagelsen af den universelle menneskeretserklæring, må ses i lyset af, at mennesket havde frigjort sig fra Gudernes traditionelle, hævdvundne autoritet eller absoluthed.

Der var desuden hændt så meget andet prisværdigt, som indførelsen af demokratiet og adskillelsen mellem stat og kirke, der også bidrog til en svækkelse af de transcendentale autoriteter. Hvad demokratiet angår, så var det dog ikke således, at den gudelige (rest)autoritet blev afgjort ved demokratisk valg. Hvilket valg den enkelte besluttede sig for var nu helt og aldeles op til ham eller hende selv. Men der lå en ikke ringe grad af personlig autoritet i begrebet demokrati. Man valgte og fravalgte selv sine sekulære autoriteter, som altså dermed måtte se sig holdt under kontrol af folkeflertallet. Men ud over det accepterede demokratiet ikke, at nogen "talte ned" til det - ingen højdeforskelle - ingen adel eller høvdinge eller konger eller kejsere eller - i det mindste i de nordlige områder her vest på - paver eller andre kirkelige rangspersoner med større ret til bibeltolkning end hvemsomhelst.

Hvad adskillelsen mellem kirke og stat angår, så indebar det bl.a., at man henførte menneskerettighederne til statsområdet, med egne domstole og integreret i de nationale lovgivninger, som rent juridisk og ikke teologisk, religiøst begrundede. Endskønt deres opkomst i FN-regi skyldtes kirkelige instanser, som givetvis må have anset dem for religiøst begrundede, så holdt de Gud udenfor menneskerets-erklæringen. Måske af generthed. Måske af ærbarhed. Måske af hensyn til deres universelle gangbarhed i det globale mangefold.

Men summa summarum: Guderne havde ikke længere den myndighed eller absolutte autoritet, de tidligere havde haft. De tegnede sig afgjort mere udviskede, men var dog altså stadig fastholdt som en valgmulighed for enkeltmennesket - vel at mærke i hans eller hendes private rum. Som en slags husguder.

Det betød alt sammen, at Guderne førte en mere skyggeagtig, substansløs eksistens derude i det transcendente. Det indebar naturligvis, at de var blevet mindre synlige. At de markerede sig mindre skarpt mod baggrunden. Det kunne være grunden til, at så mange har troet dem fraværende eller endog har afskrevet dem aldeles. En forklaring jeg dog personligt finder lidet trolig.

Jeg finder, at det tværtimod er på tide at vende sig til de to almindeligvis anførte forklaringsmodeller vedrørende Guds påståede fravær. Efter foranstående forsøg på at afkode sekulære manifestationer præsenteret i guddommeligt klædebon samt forefaldne forsøg på at afdramatisere transcendensen, kunne det være på tide at forholde sig til dem, sådan som jeg har omtalt dem allerede på første side af dette tiltagende opulente opus:

Den første vedrørende angivelige tegn på Guds forsvinden fra den menneskelige, den folkelige bevidsthed.

Den anden vedrørende angivelige tegn på, at Gud ikke længere influerer på verdens gang.

Tegn på Guds forsvinden fra den menneskelige bevidsthed.
En sådan ændring hos hin enkelte tilkendegives naturligvis mest direkte ved egne udsagn om sindets ændrede indhold eller beskaffenhed.
Men sådanne tegn manifesterer sig dog også ved ændringer i den menneskelige adfærd. Et mere letfærdigt, hvis i det hele taget noget, forhold til de ti bud; påbegyndelse af måltiderne uden indledende bordbøn; en påfaldende ændret sysselsætning og påklædning og trængsel ved kirkedøren søndag formiddag, etcetera.

Bedømt således, dels ved egne udsagn, dels ved påfaldende ændringer i den udvortes adfærd, kan der ikke råde tvivl om, at Guds tilstedeværelse i den menneskelige bevidsthed er blegnet og skrumpet betydeligt gennem de senere generationer. Omendskønt, gået på klingen vil et flertal blandt dem, som frembyder de anførte tegn på afkristning og verdsliggørelse, antagelig stadig kvie sig ved så ganske at fornægte Guds tilstedeværelse. I det mindste under en eller anden diffus form - som "et eller andet" - altså en Gud eller skaber med stærkt udviskede konturer, men dog til stede.

Men bedømt ved den udvortes adfærd kunne meget tages til indtægt for det synspunkt, at Gud ikke længere er tilstede, der hvor han før markerede sig så utvivlsomt og éntydigt. Uden at gå i detaljer vedrørende de ti bud og den rolle de knap nok længere spiller for opretholdelsen af den mellemmenneskelige, den samfundsmæssige ro og orden, så er det en kendsgerning, at måltiderne nu indledes uden dikkedarer, herunder taksigelser til Gud for den tilbagevendende nådegave. Ligesom der i dag - måske bortset fra den rituelle stimlen sammen juleaften - ikke er rift om at komme først til kirke, for ikke at være henvist til at høre præstens prædiken fra en ståplads blandt de fyldte bænkerækker. Disse nævnt blandt talrige andre indicier på, at Gud ikke længere indtager den plads i menneskers sind og præger deres dagligdag, som det endnu var tilfældet for hundrede år siden.

Så, bedømt på det vis alene ved omfanget af kristeligt funderede handlinger ude i den aktuelle menneskevrimmel, kunne det synes som om, Guds tilstedeværelse i sindet ikke længere har en tyngde styrende for den menneskelige adfærd - i det mindste slet ikke i samme grad som forhen.

Alt dette peger dog stadig blot på en Gud, som vel er stærkt afsvækket i konturerne, men stadig intakt og - skønt langt mindre prægnant - skulle indtage sin plads derude i verdensrummet som forhen. Mere en kvantitativ end en kvalitativ ændring.

Tegn på, at Gud ikke længere influerer på verdens gang.
Det er tegn, det kan være svært at opfatte og endnu sværere at tolke. Eftersom det må kræve, at man ved, hvad Gud vil med verden; med hvilket formål verden er skabt, om den da er skabt med et formål. Gud, som vi kendte ham, havde utvivlsomt de bedste hensigter. Der var dog een ting han reserverede for sig

158

selv, og det var udødeligheden. Mens forgængeligheden, dødeligheden, var en grundegenskab ved alt det skabte; og dog alligevel ikke mere forgængelig end at verden består og alting genopstår omend i ny skikkelse. Elementarpartiklerne er konstante - kun de livsformer, de indgår i, er uafbrudt vekslende.

Mennesket er dødeligt, men Guds løfte var, at hinsides døden lå det evige liv i paradiset. Dog på visse betingelser. Var de ikke opfyldte kunne man vel stadig forvente det evige liv, men nu under betingelser, som på ingen måde var attråværdige.

Døden er således en grundbetingelse for alt liv. Det har den altid været og vil den altid blive. Men denne dystre kendsgerning råder Gud således bod på. Endog på en så velsignelsesrig måde, at døden skulle have mistet sin dysterhed og sin tragik. Og sådan var det vel, og er det måske endnu for de troende. Ondskaben eller ugudeligheden lå ikke i dødens realitet. Endskønt måske nok i den død vi påførte hinanden. Skønt så enkelt er det heller ikke. For Gud er god og alt hvad der er Gud imod er derfor ondt. Og som verden ser ud, må Gud nødvendigvis vælge side. For der er efter sigende meget ondt til. Så imod hvad der almindeligvis hævdes, er det ikke de tilbagevendende krige eller krigeriske handlinger, der i sig selv er tegn på, at Gud ikke længere er til stede. Det afgørende må i så henseende være, om det er de Gode, der vinder. Og det har det jo netop været i lang tid nu, når man ser alting i det rette lys. Man kunne snarere hævde, at Gud med stor omhu har valgt at stå på den rette side.

Men så midt i tilfredsheden melder sig dog alligevel tvivlen: Var

159

det Gud selv, der valgte side eller: ? Vi ved jo dog alle i dag, at japanerne og tyskerne og sidenhen Nordkoreanerne ligesom Nordvietnameserne og kommunisterne for ikke at tale om Gadaffi og Milosevic og Saddam Hussein havde ondt i sinde og måtte bekæmpes med våbenmagt og såvel brand- som atombomber, for at verden endnu kunne bestå som Gud havde villet den. Så tvivlen må anses for ubegrundet.

Så det er ikke krigene, og hvad de implicerer af dødsfald, der er tegn i tiden på Guds fravær. Heller ikke er det for de troende døden, som er et sådan ustandseligt tilbagevendende tegn i deres længsel efter paradiset. Og det er vel netop de troende - eller de ikke-længere, men dog oprindeligt troende, som savner tegn på Guds tilstedeværelse i tiden. Hvad er det så, de ser som tegn på Guds fravær? Man kunne nævne tidens tiltagende ugudelighed i den vestlige verden, endog i USA, at kirkerne står tomme og hviledagene ikke længere kommes i hu og holdes hellige. Men så er vi jo dog tilbage ved det, vi har omtalt under punkt et. Og næppe tilfældigt for Guds tilstedeværelse eller manglende tilstedeværelse i menneskesindet er måske sluttelig det, der er styrende for hans manifestationer i den samfundsmæssige hverdag.

Men hvorfor de menneskelige lidelser med sorg og sygdom og smerter og elendighed, hvis Gud er god? Her vil de stærkt troende dog hævde, at det skule være gennem lidelse og smerte at vi nærmer os Gud! Endskønt det vel næppe i dag er en udbredt opfattelse, selv blandt de troende, så har sådant dog været tænkt og ment.

160

Og så har vi store forventninger til sundhedsministeriet og sundhedsvæsenet og fremskridtet!

Måske er det en begyndende utryghed ved hele den accelererende udvikling, vi er part i. At vi, der dog har besejret al denne ondskab i blodige krige, har skabt de Forenede Nationer og dens smukke hensigtserklæring, har vedtaget de universelle menneskerettigheder og oprettet domstole til deres bedste, dog alligevel synes at have kurs mod en økologisk katastrofe. Det har vi ikke fortjent!! Det må skyldes, at Gud har forladt os! Endskønt, der er stemmer, der hævder, at det dybest set er Gud selv, der er skyld i miséren - at det er Gud selv, der har ført os på afveje og lokket os ud i moradset. Så, hvor flertallet ser de aktuelle kalamiteter som udtryk for, at Gud er fraværende, er der således også de, som giver ham skylden og agiterer kraftigt for, at vi bør se os om efter en anden, en mere efterrettelig og økologisk sindet Gud.

Og så er der endelig det synspunkt, at der, hvor vi var så sikre på, at gå den gode Guds veje, at gå i hans fodspor, som trådte så tydeligt frem i jordsmonnet eller i sneen foran os, der lod vi os ikke distrahere af, at disse fodspor med tiden antog en ændret karakter og mere og mere kom til at ligne præsidentens eller statsministerens eller generalens eller formandens, eller hvem det nu var, som gik der fremme i spidsen for kolonnerne. Det følte vi måske snarest en tryghed ved - en tryghed ved det nære og velkendte. Og selvom fodsporene ikke længere var hans, så var de dog stadig tydelige. Sådan tænkte vi, og savnede ham vel heller ikke, selvom han skulle være helt tabt af feltet. Det gik jo dog fremad.

Så var der med ét tre muligheder: At Gud var borte. At Gud ikke var så god en Gud, som vi havde troet og endelig, at det på en måde gik endnu bedre, når vi selv trådte i Guds sted - i det mindste det stykke af vejen, vi på det sidste (eller i det mindste næstsidste) havde gået.

Afslutning

”Peter! Peter! - Har du hørt, at de har fanget Jesus!”
Peter standsede op og så sig omkring for at få rede på, hvorfra råbet kom.
”De har sat ham i Vestre Fængsel, mens de søger ham udleveret til Haag! Til menneskeretsdomstolen eller måske Domstolen for internationale forbrydelser!”
Langt nede ad sidegaden til venstre fik Peter øje på en bekendt skikkelse, som, halvt foroverbøjet og med begge hænder anbragt som tragt for munden, prøvede at orientere ham om dagens epokegørende nyt ("breaking news").

Nu, da Peter var standset, kom skikkelsen hastigt nærmere viftende med en avis, som han havde trukket op af sin frakkelomme og siden, da han lidt forpustet var nået frem, rakte til Peter. Det var et særnummer af Dagbladet og Peters blik blev straks fanget ind af dets tommehøje overskrifter:
”Jesus arresteret!”

"Mand, som hævder at være Jesus, sat i Vestre Fængsel."
"Ventes udleveret til Haag."

Peter bladede om på side 2, hvor der var en foreløbig orientering om hændelsen og dens baggrund. Samt et billede af arrestanten.

Arrestationen af Jesus havde været lidt af en tilfældighed. Politiet havde i nogle dage været opmærksomme på en forhutlet udseende mand i kvarteret omkring Christiania. Om dagen af og til i selskab med et par småpiger, som synes at høre til hans fortrolige. Om natten sov han på kvarterets bænke indhyllet i tæpper, som pigerne bragte ham og siden tog sig af. Da den patruljerende betjent sluttelig bad om hans navn, havde han blot svaret "Jeg er Jesus." Da betjenten derefter med urystet autoritet krævede at se legitimation havde Jesus op af sin frakkelomme trukket et stærkt gulnet og luvslidt pergament, som han forsigtigt foldede ud og rakte betjenten.
I skæret fra et gadelys få skridt derfra læste repræsentanten for ordensmagten pergamentet og måtte søge støtte ved den nærmeste husmur, da indholdet blev ham klart. Det drejede sig utvivlsomt om en form for fødselsattest. Teksten var på et for betjenten fremmed sprog, men det fremgik, at stedet var Bethlehem. Der var ingen dato, men dokumentet var underskrevet af en person, hvis titulatur sluttede med noget i retning af.... for kong Herodes. Betjenten fangede vel kun de to ord: Bethlehem og Herodes, men måtte forstå dokumentet sådan, at det var en af kong Herodes' embedsmænd, som havde udstedt denne attestation på Jesu fødsel i Bethlehem.
Efter et øjebliks forvirring besindede betjenten sig dog atter på sine embedspligter og bad Jesus om at fremvise CPR-nummer og

opholdstilladelse. Da Jesus blot uforstående rystede på hovedet, følte betjenten sin mistanke bekræftet, at det drejede sig om et tilfælde af ulovlig indvandring. Hvorefter han bad Jesus følge med til den nærmeste politistation. Der afleverede betjenten så siden sin fangst samt den særprægede fødselsattest.

Alt det havde i virkeligheden fundet sted for over en uge siden, men var blevet forsøgt holdt hemmeligt af hensyn til den offentlige orden. Peter's bekendte kunne dog oplyse, at det ikke var lykkedes. Nyheden var sivet ud og havde skabt et voldsomt røre blandt landets mange trosretninger og sekter.

Da de hastigt indkaldte højesteretsdommere - efter at have gennemgået sagens substans - nu efter en uges forløb havde besluttet at udlevere Jesus til den Internationale Criminal Court - for nemheds skyld i reglen omtalt blot som ICC - dog stadig på angelsaksisk - da var fængslet på alle tilgængelige og delvis også, hvad man almindeligvis ville betegne som, utilgængelige sider, omgivet af en ophidset menneskemængde, som prøvede at få blot et glimt af Jesus. Der var grupper imellem, der endog krævede at få Jesus i tale. De fleste vel i ærbødighed, men der var dog også enkelte, som vredladent råbte op om at ville stille Jesus til regnskab. De lod sig først neddæmpe og berolige, da de sluttelig hørte om højesteretsdommernes enstemmige beslutning. At sagen mod Jesus var optaget til videre forfølgelse på internationalt niveau.

Der var tilsyneladende kommet ganske alvorlige ting frem under den juridiske gennemgang af sagen. Sagen, sådan som den endelig forelå som juridisk dokument, rummede også mange huller og manglende indførte besvarelser på rene banaliteter, såsom efternavn og eventuelle mellemnavne, alder, nationalitet, rejserute og rejsemål, med flere. Alle sådanne rene trivialiteter efterlod i manuskriptet uudfyldte rubrikker. Også det kan have været medvirkende til anklagemyndighedens beslutning om, at videregive sagen vedrørende arrestanten til videre behandling ved en international domstol.

Der følger vi i første omgang ikke sagens videre forløb. Men standser her og hæfter os ved, hvis den arresterede mandspersons påstand om at være Jesus, og autenticiteten af hans medbragte dåbsattest stod fast trods behjertede og avancerede analyser af de stærkt gulnede papirer, så er vi ved vejs ende med det, vi havde taget op som vores udfordring og mål: Nemlig at belyse spørgsmålet om Guds fravær.

Naturligvis kunne vi afvente domstols-afgørelsen fra Bruxelles eller Haag, men da vi ikke i sagens natur kan betragte et sådant øvrigheds-dokument som havende synderlig beviskraft, så fastholder vi vores konklusion:

Gud er ikke død. Om han er fraværende må være et definitionsspørgsmål. Han er i det mindste tilstede, ganske vist i en miserabel forfatning, men det kunne ligge til hans puritanske guddommelige natur. En puritanisme som i sin tid heller ikke var fremmed for hans occupanter de "frie ånder", selvom den ikke er iøjnefaldende for de eksempler på efterfølgere i nutiden, hvis eksistens vi har ment i det foranstående at kunne, om ikke dokumentere, så dog i det mindste antyde og argumentere for med nogen vægt.

I forhold til de sekulære instanser, han nu er kommet og fremefter vil komme i berøring med, forekommer det afgjort ikke at være en særlig markant endsige slagkraftig Gud, og da sluttelig ikke en Gud, som måtte evne at holde styr på så omfattende og mangfoldig en verden som den, vi har i dag.

En beskeden og armodig Gud. Det havde vi ikke ventet! Hvilken nytte skulle han være til? Hvad Gavn skulle han gøre? Det kunne man gruble over. For eksempel om han under de givne omstændigheder, som de i det foregående er om ikke beskrevet så dog antydet, havde mange andre muligheder, når han nu var blevet grebet af et ønske om at vende tilbage og forsøge at påkalde sig menneskehedens opmærksomhed. Måske har han tænkt, at den havde ladet sig distrahere og vildlede - menneskeheden. Eller måske har han blot kedet sig der oppe i sin tiltagende isolation. Nu hvor samme menneskehed i stadig stigende grad så fremefter og ikke opefter.

Han har sikkert først forsøgt at komme ind på langt mere præsentable steder og få folk i tale, men såvel hans præsentation, som hans hele apparition og påklædning samt hans langt fra tidssvarende sprog har givetvis været en hindring for adgang, og han er utvivlsomt blevet afvist ved hovedindgangen for eksempel til FNs hovedbygning i New York af de der placerede magtfulde dørvogtere. Siden er det sikkert gået ham på samme måde ved indgangen til adskillige regeringsbygninger fortrinsvis i de amerikanske og europæiske hovedstæder samt antagelig også uden for porten til magtfulde substrukturer som Pentagon og NATO.

Han har sikkert været utrættelig i sine forsøg på at få folkenes mere eller mindre kårne i tale. Sluttelig har han vel forsøgt at få folk selv i tale på gade og vej, men også det forgæves der ude i den myldrende travlhed i alle retninger.

Sluttelig har han så bedt om husly på Christiania. Også der er han sikkert blevet mødt med mistro og skepsis, når han sagde dem sit navn, men da et par småpiger hævdede at kende ham igen og stod inde for ham, så indvilgede man i at lade ham komme ind og gav ham en af kvarterets bænke som standplads. Der tilbragte han over de næste dage det meste af sin tid, opvartet af de to omtalte småpiger, som sørgede for mad og drikke og tæpper til hans natteleje.

Og der var det så han blev antruffet og sluttelig arresteret af en patruljerende betjent.

Men til stede er han således; kun må han skønnes magtesløs og ganske ubrugelig for de frie ånder, som, hvis de er til stede i nutiden, hvad der dog er forhold, der kunne tyde på, at de er, sikkert foretrækker at klare sig uden.

Der kan ikke være tvivl om, at tiden eller måske snarere menneskene er løbet fra ham og har mere jordnære mål for øje. Og var han endelig i visse kredse ventet, så havde man der antaget, at han ville komme til hest og i spidsen for en himmelsk hærskare. Fyrstelig at skue og i handlekraftig og kampduelig form.

Dem må vi så skuffe.

Hændelserne i Haag

Arrestanten blev så, efter at der ved de indledende undersøgelser ved anklage-myndigheden i København var indkommet stærkt foruroligende oplysninger af mere eller mindre vederhæftig karakter om den indsattes tidligere færden og mere eller mindre konkrete tilstedeværelse ved de mest betydningsfulde historiske hændelser, overført til Haag til nærmere udredning og eventuel domfældelse. En kendsgerning var det, at det sammen med arrestanten indbragte pergament havde vist sig at rumme en attestation for hans fødsel i Bethlehem på kong Herodes' tid, samt at dokumentets ægthed var blevet fastslået ved flere analyser af teknisk-videnskabelig art samt af sprogkyndige eksperter.

I Haag gik man så, efter modtagelse af arrestanten og sagens foreløbige akter i gang med at indhente supplerende oplysninger. De pågående aktiviteter fik dog en brat afslutning på grund af nedenstående afgørende hændelse:
En morgen, få dage efter arrestantens ankomst til retsbygningen i Haag, da retsbetjenten trådte ind til arrestanten for at føre ham til den første afhøring, fandt han ham liggende død på sengen. Der var intet tegn på overlast eller dødskamp. Den afdøde lå på sin seng, som havde han lagt sig til hvile. Nyvasket og kæmmet og fuldt påklædt. Hans sko var stillet ind under sengen. Eneste supplerende notat: at vinduet stod på klem.

Sagen blev derefter henlagt som afsluttet.
        Men man kunne antage, at den omtalte begivenhed blandt indviede er baggrunden for den vedholdende påstand om Guds død. Vi, der dog har et grundigere kendskab til denne verdens dybere strømninger, kan imidlertid her fremlægge den egentlige sammenhæng bag det dramatiske forløb: Jesus var vendt tilbage, og det man fandt liggende roligt og fredeligt der på sengen i hans celle var blot det legemlige, menneskelige hylster, som han havde benyttet ved sin jordiske tilbagekomst.

Liget blev siden begravet i al stilhed, og man valgte, for ikke at give anledning til opstandelser og tumult, kun at anføre hans nummer som indsat ved domstolen på gravstenen. I København var sagen hastigt glemt til fordel for de stadig indløbende opsigtsvækkende begivenheder. En undtagelse gjorde de to småpiger på Christiania, som dog havde en anelse om sagens egentlige sammenhæng, sådan som den ovenfor er beskrevet. De blev ved med at brænde lys til minde om Jesus, når erindringen og savnet blev dem for stærke.

Siden - efter at Jesus havde aflagt rapport til sin fader om, hvad han havde oplevet (lidt i tråd med, hvad jeg ovenfor har fortalt) - sad de begge to længe tankefulde, vil jeg tro. Og sådan sidder de nok endnu (se nedenfor).

Deus absconditus - den fraværende eller den skjulte Gud?
    Tankefulde og i det mindste åndsfraværende.

Ifølge de mest højt flyvende, som hævder at have set dem sidde der, far og søn, frembød de et sørgmodigt og lidt armodigt skue.

Addendum I

De enkelte menneskerettigheder (i alt 30)

(Hvert punkts overskrift understreget. Uddybningerne i kursiv.

1. <u>Ret til lighed.</u> *Alle mennesker er født frie og lige i med hensyn til værdighed og rettigheder. De er udstyret med fornuft og samvittighed, og bør handle i forhold til hinanden i en atmosfære af broderskab.*

2. <u>Ingen diskrimination</u> - *Alle har krav op de rettigheder og friheder, som fremgår af denne erklæring uden skelnen af nogen slags - til race, hudfarve, køn, sprog, religion, politisk overbevisning. national eller social baggrund, besiddelse, fødsel eller andre grundbetingelser*

3. <u>Alle har ret til livet, til frihed og personlig sikkerhed.</u>

4. <u>Frihed for slaveri.</u> *Ingen skal holdes som slave eller i slavelignende forhold; slaveri og slavehandel i alle dets former skal være forbudt.*

5. <u>Frihed for umenneskelig behandling</u> - *som tortur, umenneskelig eller ydmygende behandling eller afstraffelse.*

6. <u>Retten til legal anerkendelse.</u> - *at blive anerkendt som person i relation til loven.*

7. <u>Ret til lighed for loven.</u> *Ingen diskrimination. Alle er lige berettigede til beskyttelse mod diskrimination i form af krænkelse af denne erklæring og mod enhver opfordring til en sådan diskrimination.*

8. <u>Ret til behandling ved et kompetent tribunal.</u> *Alle har retten til til effektiv behandling ved et kompetent nationalt tribunal for handlinger imod hans fundamentale rettigheder givet ham*

konstitutionelt eller ved lov.

9. <u>Frihed for vilkårlig retslig forfølgelse.</u>

10. Retten til en fair offentlig høring. *Enhver er i lige grad berettiget til en fair og offentlig høring ved et uafhængigt og upartisk tribunal, vedrørende vurderingen af sine rettigheder og forpligtelser og vedrørende enhver kriminel sigelse imod sig.*

11. <u>Retten til at blive anset for uskyldig indtil bevis for det modsatte.</u>

12. <u>Frihed for indblanding.</u> *Ingen skal blive genstand for indblanding i hans/hendes privatliv, familie, hjem eller korrespondance...Enhver har ret til lovens beskyttelse mod sådan indblanding.*

13. <u>Retten til fri bevægelse</u> - *indenfor og frem og tilbage over landegrænser.*

14. <u>ret til asyl for forfølgelse.</u> *Enhver har ret til at søge og opnå asyl fra forfølgelse i andre lande. Gælder dog ikke for u-politisk kriminalitet eller for handlinger i modstrid med FNs formål og principper.*

15. <u>Ret til en nationalitet.</u>

16. <u>Retten til ægteskab.</u> *Mænd og kvinder af moden alder har, uden begrænsninger med hensyn til race, nationalitet eller religion ret til at gifte sig og grundlægge en familie. De har lige ret ved ægteskabets indgåelse, under ægteskabet og ved dets ophævelse. Ægteskabet skal indgås med den frie og fuldkomne tilslutning fra partnerne, Familien er den naturlige og grundlæggende enhed i samfundet og er berettiget til beskyttelse fra samfund og stat.*

17. <u>retten til ejendom.</u> *En ret såvel alene, som sammen med andre*

18. <u>Trosfrihed.</u> *Enhver har retten til tankefrihed[!],*
samvittighedsfrihed[!] og religionsfrihed. Indebærer retten til frit
at skifte religion eller tro, og friheden til - enten alene eller i
fællesskab med andre og offentligt eller privat - at tilkendegive
sin religion eller tro i undervisning, praksis, gudsdyrkelse og
ceremoni.
19. <u>Ytringsfrihed.</u> *Enhver har ret til menings-og ytringsfrihed.*
Indebærende friheden til at hævde meninger uden indblanding
og at søge, modtage og meddele information og ideer gennem
hvilketsomhelst medie og uden hensyn til grænser.
21. <u>Ret til at deltage i regeringen</u> - *direkte eller gennem valgte*
repræsentanter. Alle har ret til lige adgang til offentlig service.
Folkets vilje skal være grundlaget for regeringens autoritet.
Denne vilje skal komme til udtryk ved periodiske og genuine valg
som skal være almindelig og lige valgret og skal afholdes ved
hemmelig afstemning eller tilsvarende frie
afstemningsprocedurer.
22. <u>Retten til social sikkerhed.</u> *Enhver som medlem af et*
samfund, har retten til social sikkerhed og er berettiget til
realiseringen, gennem national indsats og internationalt
samarbejde og i overensstemmelse med hver stats organisation
og ressourcer, af de økonomiske, sociale og kulturelle rettigheder
nødvendige for hans værdighed og for den frie udvikling af hans
personlighed.
23. <u>Retten til ønskværdig beskæftigelse.</u> *Enhver har retten til*
arbejde, til frit valg af ansættelse, til retfærdige og favorable
arbejdsbetingelser og til beskyttelse mod arbejdsløshed. Enhver
har ret til lige betaling for lige arbejde uden diskrimination.
Enhver som arbejder har retten til retfærdig og favorabel

aflønning til sikring for ham selv og hans familie en eksistens forenelig med menneskelig værdighed og suppleret, om nødvendigt, ved andre midler til social beskyttelse ,

24. <u>Retten til hvile.</u> [Også det!]. *Enhver har ret til hvile og fritid, inclusive begrænsning af arbejdstid og periodiske betalte fridage.*

25. <u>Retten til en tilstrækkelig levestandard,</u> *Enhver har ret til en levestandard tilstrækkelig for ham selv og hans families sundhed og velbefindende, inklusive fødemidler, påklædning, bolig og medicinsk omsorg samt nødvendige social service, og retten til sikkerhed i tilfælde af arbejdsløshed, sygdom, uformuenhed, enkestand, høj alder eller anden mangel på subsistensgrundlag grundet forhold udenfor hans kontrol. Moderskab og barndom er berettiget til særlig omsorg og støtte. Alle børn, om født i eller udenfor ægteskab, skal nyde samme sociale omsorg og beskyttelse*

[der mangler blot retten til frihed for sygdom og retten til det evige liv]

26. <u>Retten til uddannelse.</u> *Alle har ret til uddannelse. Uddannelse skal være gratis, i det mindste på de elementære og grundlæggende niveauer. Den elementære uddannelse skal være tvungen. Teknisk og professionel uddannelse skal gøres generelt tilgængelig og højere uddannelse skal gøres lige tilgængelig for alle på grundlag af kvalifikationer. Uddannelse skal rettes mod den fulde udvikling af personligheden og til styrkelse af respekten for menneskerettighederne og de fundamentale frihedsrettigheder. Den skal fremme forståelse, tolerance og venskab mellem alle nationer, racemæssige eller religiøse grupperinger, og skal fremme de Forende Nationers*

173

fredsbevarende aktiviteter. Forældre har en førsteret til at vælge hvilken slags uddannelse, der skal gives til deres børn.

27. Retten til at deltage i og have glæde af ens samfunds kultur. *Enhver har retten til frit at deltage i ens samfunds kulturelle liv, at nyde dets kunstfrembringelser og deltage i dets videnskabelige fremskridt og dets velsignelser. Enhver har retten til beskyttelse af de moralske og materielle interesser, fremkommet som resultat af hvilken som helst videnskabelig, litterær eller kunstnerisk produktion som han er ophavsmand til.*

28. Retten til realiseringen af denne deklaration. *Alle har ret til en social og international orden, i hvilken de rettigheder og frihedsrettigheder, der er fremsat i denne erklæring, kan virkeliggøres fuldtud.*

29. Pligter i forhold til fællesskabet. *Enhver har pligter i forhold til det fællesskab, som alene gør den frie og fulde udvikling af hans personlighed mulig. I udøvelsen af hans rettigheder og friheder, skal enhver kun gøres til genstand for sådanne begrænsninger som er nedfældet i loven alene med det formål at sikre en selvfølgelig anerkendelse af og respekt for andres rettigheder og frihed og mødekomme de grundliggende krav til en moralsk, offentlig orden og den almindelige velfærd i et demokratisk samfund. Disse rettigheder og friheder kan under ingen omstændigheder udøves i modstrid med de Forenede Nationers formål og principper.*

30. Frihed for indblanding i de ovennævnte rettigheder. *Intet i denne erklæring kan tolkes som indebærende for nogen stat, ruppe eller person en ret til at hengive sig til nogen aktivitet eller udføre nogen handling som har til sigte at nedbryde en eneste af de rettigheder og friheder, som her er fremsat.*

174

Addendum II
Svend Lindardts oversigt over ICEJs program og aktiviteter:

"Hvert år ved den jødiske Løvhyttefest inviterer ICEJ alle til at komme til Israel og fejre festen, idet det iflg ICEJ er profeteret i 3. Mosebog 23.39-43, at hele verden ved tidernes ende skal fejre denne fest sammen med Israel.

ICEJ deler den apokalyptiske kristne zionismes krav om, at jøder og kristne som Guds to kaldede folk skal forblive under deres respektive pagtslutninger - således ingen missioneren blandt jøder

ICEJ arbejder internationalt for at skabe politisk opbakning for staten Israel, så landet ikke tvinges til at måtte afstå de besatte områder ...lobbyvirksomhed i USA, England, FN og andre steder...

ICEJ samarbejder med Jewish Agency i Israel om at få jøder i Østeuropa og Rusland til at foretage aliyah - og financierer udgifter til rejsen, bolig og uddannelse i Israel

ICEJ hjælper immigranterne med at blive bosat på især Vestbredden, hvor de desuden bistår de nye bosættere, så de uddannelsesmæssigt og sundhedsmæssigt kan blive bedre stillede

ICEJ er aktive i Israel, hvor de understøtter fattige immigranter med penge, uddannelse og sundhed.

ICEJ understøtter de jødiske grupperinger, der ønsker at det jødiske tempel skal genopbygges ...financierer fremstillingen af det kommende tempels kultgenstande og præsternes klædedragter m.m.

ICEJ er en helhjertet forsvarer af Israels både ret og pligt til at fastholde og annektere de i Junikrigen erobrede områder, inclusive Jerusalem

ICEJ er meget populær blandt israelske politikere - som har vist stor interesse i at deltage i ICEJs zionistkongresser....også Jerry Falwell, Pat Robertson og Hal Lindsay deltager jævnligt i kongresserne. Det gælder ikke mindst Likud, hvis ledere (og Israels statsledere), Menachem Begin, Ariel Sharon og Netanyahu står i et yderst hjerteligt forhold til de kristne Zionister."

De kristne zionisters tredje internationale kongres blev holdt i Jerusalem i februar 1996. Kongressen udstedte følgende proklamation:

"Gud Fader, Almægtige, udvalgte Israels urgamle nation og det israelske folk, Abrahams, Isaacs og Jacobs efterkommere, til at åbenbare hans plan for verdens udfrielse. De er udvalgt af Gud, og uden den jødiske nation ville hans planer for verdens udfrielse ikke kunne se dagens lys.

Jesus af Nazareth er Messias og han har givet løfte om at vende tilbage til Jerusalem. til Israel og til verden.

Det er forkasteligt at generationer af det jødiske folk er blevet dræbt eller forfulgt i Herrens navn, og vi udfordrer kirken til at angre sine synder, såvel aktive som undladelsessynder, mod dem.

Den moderne samling af det jødiske folk i Eretz Israel og nationen Israels genfødsel er en fuldbyrdelse af de bibelske profetier, som nedskrevet i såvel Det Gamle som Det Nye Testamente.

Troende kristne er vejledt af skriften til at anerkende den hebraiske tros rødder og aktivt støtte og aktivt deltage i Guds plan for samlingen af det jødiske folk og genopstandelsen af nationen Israel i vor tid."

ICEJ adskiller sig klart fra Lindseys apokalyptiske kristne zionisme, hvor den sidstnævnte ønsker at fremskynde Jesus' genkomst og dermed det jødiske folks udslettelse. ICEJ er fuldstændig afvisende overfor motiver af den karakter . Citat: "Der findes nogle, der betegner sig selv som kristne, der forsvarer sådanne ideer. Det gør vi ikke, og vi søger at gendrive sådanne opfattelser overalt, hvor vi kan komme til det."[58]

58 Svend Lindhardt: Kristen Zionisme. Mellem religion og politik. 2007, s. 85

Friedrich Nietzsche: Jenseits von Gut und Böse, 1886, s. 44:

Behøver jeg desuagtet endnu at præcisere, at også de vil blive frie ånder disse fremtidens filosoffer - således at forstå, at de så ikke blot vil blive frie ånder, men også noget mere, højere, større og grundliggende andet, som ikke vil kunne miskendes eller forveksles? Men, idet jeg siger det, føler jeg det næsten lige så stærkt rettet mod dem selv som rettet mod os, såsom vi er deres Herolder og forløbere, vi frie ånder - forpligtelsen til for os i fællig at bortblæse en gammel, dum fordom og misforståelse, som alt for længe som en tåge har gjort begrebet "den frie ånd" uigennemsigtigt. I alle europæiske lande og ligeledes i Amerika er der i dag nogle som driver misbrug med dette ord, en meget snæver, indfanget, lagt i bolt og jern , en slags ånder, som nærmest vil være det modsatte af det, som dækkes af vores hensigter og instinkter - for ikke at tale om, at de i mødet med hine fremkommende nye filosoffer må først fremstå med tillukkede vinduer og stængte døre. De hørte kort og godt hjemme blandt "Nivellererne", disse falskelig benævnte "frie ånder, disse slaver altid parate og besat af skrivekløe for den demokratiske smag og dens "moderne ideer", allesammen mennesker uden ensomhed, uden egen ensomhed, grove, brave knøse, som man hverken kan frakende mod eller respektable manerer, kun at de netop er ufrie og latterligt overfladiske, med deres tilbøjelighed til at på det nærmeste se årsagerne til *al* menneskelig elendighed og fejltagelser i udformningen af det hidtidige samfund: hvorved sandheden endelig kommer til at stå på hovedet. Hvad de af alle kræfter synes at stræbe efter, er den

178

almindelige grønne hyrdelykke på græsgangene, med det sikre, det ufarlige, livets velbehagelighed og oplysning for enhver; deres hyppigst afsungne omkvæd og moraler er "Lighed for loven" og "Medfølelse med alle lidende" - og lidelsen selv bliver af dem betragtet som noget, som man bør *afskaffe*. Vi derimod, såsom vi har dannet os et billede og en samvittighedsfuld forståelse for, hvor og hvordan planten "menneske" hidtil har udviklet sig mest i højden, mener, at dette altid har fundet sted under de modsatte betingelser, ...

PS: En del engelske og tyske citater er oversat af forfatteren.

© 2016 – Steffen Hahnemann
Forlag: Books on Demand GmbH, København, Danmark
Fremstilling: Books on Demand GmbH, Norderstedt, Tyskland
Bogen er fremstillet efter on-Demand-proces

ISBN 978-87-7170-456-3